Berkenaan Dosa, Kebenaran dan Penghakiman

"Dan kalau Dia datang, Dia akan menginsafkan dunia akan dosa, kebenaran dan penghakiman…"
(Yohanes 16:8)

Siri Kesucian dan Kuasa (Pengenalan 1)

Berkenaan Dosa, Kebenaran dan Penghakiman

Siri Ceramah Kebangkitan Khas Minggu - 1

Dr. Jaerock Lee

Berkenaan Dosa, Kebenaran dan Penghakiman
oleh Dr. Jaerock Lee
Diterbitkan oleh Urim Books (Wakil: Johnny. H. Kim)
73, Yeouidaebang-ro 22-gil, Dongjak-gu, Seoul, Korea
www.urimbooks.com

Semua hak cipta terpelihara. Keseluruhan atau sebahagian buku ini tidak boleh diterbitkan semula dalam apa jua bentuk, disimpan dalam sistem dapatan semula, disebarkan dalam apa jua bentuk atau dengan apa jua cara, biarpun secara elektronik, mekanikal, fotokopi, rakaman atau lain-lain cara, tanpa dahulunya memperolehi kebenaran bertulis daripada penerbit.

Kecuali dinyatakan sebaliknya, semua petikan Kitab diambil dari ALKITAB BERITA BAIK, Edisi Kedua, 2001, Hak Cipta © Bible Society of Malaysia 2001. Digunakan dengan kebenaran. Digunakan dengan kebenaran.

Hak cipta © 2016 oleh Dr. Jaerock Lee
 ISBN: 979-11-263-1170-5 03230
Hak Cipta Penterjemahan © 2013 oleh Dr. Esther K. Chung. Digunakan dengan kebenaran.

Pertama Diterbitkan pada Disember 2023

Pertama sekali diterbitkan dalam bahasa Korea pada tahun 2011 oleh Urim Books di Seoul, Korea

Disunting oleh Dr. Geumsun Vin
Direka bentuk oleh Pasukan Reka Bentuk bagi Urim Books
Untuk maklumat lanjutan hubungi: urimbook@hotmail.com

Nota Penulis

Saya berdoa semoga pembaca akan menjadi orang yang benar, yang menerima kasih sayang dan rahmat Tuhan...

Apabila bapa reformasi terkenal, Martin Luther masih kecil, dia mengalami satu kejadian yang menyebabkan trauma. Suatu hari, semasa dia dan kawannya berdiri di bawah pokok untuk berteduh daripada hujan, kilat menyambar dan kawan yang berdiri di sebelahnya mati. Disebabkan kejadian ini, Luther menjadi paderi dan dia mengalami keadaan di mana dia takut akan Tuhan yang menghakimi dan membenci dosa. Walaupun dia banyak melakukan pengakuan dosa, dia tidak dapat menemui penyelesaian bagi masalah dosa. Tidak kira berapa banyak dia membaca Alkitab, dia tidak menemui jawapan bagi persoalan, "Bagaimanakah seorang yang benar dapat menyenangkan hati Tuhan yang benar?"

Kemudian, pada suatu hari, semasa membaca salah satu daripada surat Paulus, dia akhirnya menemui kedamaian yang dicari-carinya selama ini. Ia dinyatakan dalam Roma 1:17, "Sebab di dalamnya nyata kebenaran Tuhan, yang bertolak dari iman dan memimpin kepada iman, seperti ada tertulis, 'Orang benar akan hidup oleh iman.'" Luther mendapat kesedaran tentang "kebenaran Tuhan". Walaupun setakat ini dia hanya mengetahui tentang kebenaran Tuhan yang menghakimi semua orang, dia kini sedar akan kebenaran Tuhan yang memberikan pengampunan dosa kepada semua orang yang percaya terhadap Yesus Kristus dan Tuhan sendiri menggelarkan hal ini 'kebenaran'. Selepas mendapat kesedaran ini, Luther hidup dengan semangat terhadap kebenaran yang tidak pudar.

Dengan cara ini, Tuhan bukan sahaja mengakui orang yang percaya terhadap Yesus Kristus sebagai 'benar'; malah Dia juga memberikan mereka Roh Kudus sebagai hadiah supaya mereka mengetahui tentang dosa, kebenaran dan penghakiman, lalu mereka akan mematuhi Tuhan dengan rela dan memenuhi kehendak-Nya. Oleh itu, kita tidak boleh berhenti setakat menerima Yesus Kristus dan digelar benar. Amat penting untuk kita menjadi seorang yang benar dengan menyingkirkan dosa dan kejahatan dari dalam diri kita, dengan bantuan Roh Kudus.

Selama 12 tahun ini Tuhan telah membolehkan gereja kami untuk menganjurkan kebangkitan khas dua minggu setiap tahun supaya setiap ahli gereja dapat menerima rahmat menjadi orang yang benar melalui keimanan. Dia membimbing kita sehingga kita dapat menerima jawapan bagi semua jenis doa yang kita angkat kepada-Nya. Dia juga membimbing kita untuk memahami dimensi berbeza roh, kebaikan, cahaya dan kasih sayang, supaya kita dapat menerima kuasa Tuhan dalam hidup kita. Dengan berlalunya setiap tahun, kita melangkah setapak lagi dalam keimanan menuju kesucian dan kuasa, Tuhan telah merahmati ramai orang dari seluruh dunia untuk mengalami kuasa Tuhan yang dicatatkan dalam Alkitab dan merentasi masa dan ruang.

Kami menerbitkan siri ceramah, "Kesucian dan Kuasa", yang mengandungi mesej takdir mendalam Tuhan, supaya pembaca dapat mempelajarinya secara sistematik. Mesej kebangkitan dari tiga tahun pertama dianggap sebagai "Pengenalan." Ia berkenaan cara untuk maju ke hadapan di jalan kebenaran yang sebenar dengan memusnahkan dinding dosa antara kita dan Tuhan. Kemudian, mesej bagi empat tahun seterusnya mengajarkan tentang cara menuju ke arah kesucian dan kuasa, yang merupakan "Mesej Teras". Akhir sekali, mesej dalam lima tahu terakhir ini akan merangkumi cara untuk mengalami kuasa Tuhan dengan mengamalkan Firman. Ia dianggap sebagai bahagian "Amalan dan Kaedah" dalam penerbitan ini.

Hari ini, ada ramai orang yang menjalani kehidupan dengan tidak mengetahui makna dosa, kebenaran dan penghakiman. Orang yang pergi ke gereja pun tidak dijamin akan diselamatkan dan mereka menjalani kehidupan sekular—sama seperti orang lain dalam dunia ini. Selain itu, mereka tidak menjalani kehidupan sebagai seorang Kristian yang benar menurut Tuhan, tetapi benar menurut apa yang mereka fikirkan benar. Jadi, Berkenaan Dosa, Kebenaran dan Penghakiman ialah buku pertama dalam siri ceramah Kesucian dan Kuasa yang membincangkan tentang cara kita dapat menjalani kehidupan sebagai seorang Kristian dengan jayanya, dengan cara menerima keampunan bagi dosa kita dan mencapai kebenaran Tuhan dalam hidup kita.

Untuk memberi jaminan akan ajaran ini dengan bukti kuasa-Nya, pada sesi pertama pada hari pertama kebangkitan kami pada tahun 1993, Tuhan menjanjikan rahmat kehamilan bagi ramai pasangan yang telah berkahwin selama 5-6 tahun, malah sehingga 10 tahun, yang masih belum dikurniakan zuriat. Pada akhir sesi kebangkitan, hampir semua pasangan ini berjaya hamil dan mula membina keluarga masing-masing.

Saya ingin mengucapkan terima kasih kepada Geumsun Vin, Pengarah Biro Penyunting dan kakitangan beliau atas kerja keras mereka dalam merealisasikan penerbitan buku ini dan saya berdoa dengan nama Tuhan supaya ramai orang yang membaca buku ini akan dapat menyelesaikan masalah dosa mereka, dengan itu dapat menerima jawapan bagi semua doa mereka!

Mac 2009
Jaerock Lee

Pengenalan

Buku ini, yang bertajuk Berkenaan Dosa, Kebenaran dan Penghakiman mengandungi lima bab yang dikhususkan bagi setiap topik dosa, kebenaran dan penghakiman. Buku ini menerangkan secara terperinci bagaimana seseorang dapat mencari penyelesaian bagi masalah dosa, bagaimana seseorang dapat hidup dalam rahmat dengan menjadi orang yang benar dan bagaimana seseorang dapat mengelakkan penghakiman yang akan tiba dan sebaliknya, menikmati rahmat yang abadi.

Bab pertama berkenaan dosa bertajuk "Penyelamatan". Ia menerangkan mengapa manusia perlu diselamatkan dan makna sebenar serta kaedah menerima penyelamatan. Bab seterusnya, "Bapa, Anak dan Roh Kudus", membimbing pembaca untuk memahami dengan betul bagaimana kuasa dan kekuasaan Tuhan, nama Yesus Kristus dan bimbingan Roh Kudus dapat bekerja bersama-sama sebagai Tuhan Triniti, supaya kita dapat menerima penyelesaian yang jelas bagi masalah dosa dan berada di jalan yang benar menuju penyelamatan.

Bab yang bertajuk "Kerja Badaniah" menganalisa dan menerangkan topik dinding dosa di antara manusia dan Tuhan. Bab seterusnya, bertajuk "Oleh Itu Hasilkan Buah Dengan Terus Bertaubat", menerangkan kepentingan menghasilkan buah yang selari dengan taubat untuk mencapai penyelamatan sepenuhnya melalui Yesus Kristus.

Bab terakhir berkenaan dosa, yang bertajuk, "Bencikan Perkara yang Jahat; Berpegang pada Perkara yang Baik", mengajarkan pembaca untuk menyingkirkan kejahatan yang tidak menyenangkan Tuhan dan untuk mengamalkan kebaikan, menurut Firman kebenaran.

Seterusnya, dalam bab pertama berkenaan kebenaran, "Kebenaran Yang Menuju Kehidupan", menjelaskan bagaimana kita—semua manusia—dapat menerima kehidupan abadi melalui tindakan kebenaran Yesus Kristus. Dalam bab yang bertajuk, "Orang yang Benar Akan Hidup Berdasarkan Keimanan", ia menerangkan kepentingan menyedari bahawa penyelamatan hanya dapat dicapai melalui keimanan; dan oleh itu merupakan sebab kita mesti mendapatkan keimanan sebenar.

Bab 8, "Menuju Kepatuhan Kristus", menerangkan bahawa kita mesti memusnahkan fikiran dan teori badaniah dan perlu patuh kepada Kristus supaya kita dapat memiliki keimanan sebenar dan menikmati kehidupan yang makmur, penuh dengan rahmat dan jawapan kepada setiap doa. Bab 9, "Dia Yang Diperkenankan Tuhan", meneliti kehidupan beberapa orang bapa keimanan, sambil mengajarkan pembaca tentang cara kita mesti beramal untuk menjadi orang yang diperkenankan Tuhan. Bab terakhir, berkenaan kebenaran, bertajuk "Rahmat". Ia merupakan penelitian terhadap kehidupan dan keimanan Abraham—iaitu bapa keimanan dan benih rahmat—diikuti dengan beberapa cara praktikal yang dapat diamalkan oleh orang beriman untuk menikmati kehidupan yang dipenuhi rahmat.

Dalam bab pertama berkenaan penghakiman, yang bertajuk

"Dosa Ingkar Terhadap Tuhan", kita membincangkan tentang kesan buruk yang akan dihadapi apabila manusia melakukan dosa ingkar terhadap Tuhan. Bab seterusnya, "Aku Akan Memusnahkan Manusia dari Muka Bumi", menerangkan tentang penghakiman Tuhan yang akan menyusul apabila kejahatan manusia telah mencapai hadnya.

Bab yang bertajuk "Jangan Ingkar terhadap Kehendak-Nya", menerangkan kepada pembaca bahawa penghakiman Tuhan datang apabila seseorang menentang kehendak Tuhan; bahawa mereka patutnya menyedari betapa besarnya rahmat mematuhi kehendak Tuhan dan akur kepada Tuhan. Dalam bab yang bertajuk "Demikianlah Kata TUHAN Hos", penulis menerangkan dengan terperinci bagaimana seseorang dapat menerima penyembuhan dan jawapan bagi doanya. Dia juga menerangkan tentang kepentingan menjadi orang yang benar, yang takutkan Tuhan.

Bab terakhir, "Berkenaan Dosa, Kebenaran dan Penghakiman", menerangkan cara untuk menyelesaikan masalah dosa; menjadi orang yang benar; bertemu Tuhan yang hidup;

cara mengelakkan Hari Penghakiman yang akan datang; dan cara menerima hidup yang dipenuhi rahmat abadi.

Buku ini menerangkan dengan cara terperinci cara kita, orang yang telah menerima Yesus Kristus dan menerima Roh Kudus, dapat menerima penyelamatan dan kehidupan abadi, jawapan kepada semua doa serta rahmat. Saya berdoa dengan nama Tuhan bahawa melalui buku ini, ramai orang akan menjadi manusia yang benar dan menyenangkan hati Tuhan!

Mac, 2009
Geumsun Vin
Pengarah Biro Suntingan

Isi Kandungan

Nota Penulis
Pengenalan

Bahagian 1 Berkenaan Dosa...

Bab 1 Penyelamatan · 3

Tuhan Pencipta dan manusia
Dinding dosa di antara Tuhan dan manusia
Makna sebenar penyelamatan
Kaedah penyelamatan
Takdir penyelamatan melalui Yesus Kristus

Bab 2 Bapa, Anak dan Roh Kudus · 13

Siapakah Tuhan Bapa?
Tuhan Bapa - pengarah ulung pemupukan manusia
Siapakah Anak, Yesus Kristus?
Yesus Kristus Penyelamat
Siapakah Roh Kudus, Pembantu?
Kerja Roh Kudus, Pembantu
Tuhan Triniti memenuhi takdir penyelamatan

Bab 3 Kerja Badaniah · 27

Perkara badaniah dan kerja badaniah
Kerja badaniah yang menghalang manusia daripada mewarisi kerajaan Tuhan
Bukti kerja badaniah

Bab 4 "Oleh itu Hasilkan Buah dengan Sentiasa Bertaubat" · 47

Kamu sekumpulan ular kapak
Hasilkan buah dengan sentiasa bertaubat
Jangan menentang Ibrahim bapamu
"Setiap pokok yang tidak menghasilkan buah yang baik akan ditebang dan dilemparkan ke dalam api"
Buah yang dihasilkan dengan sentiasa taubat
Orang yang menghasilkan buah dengan sentiasa bertaubat

Bab 5 "Bencikan Kejahatan; Bergantung kepada Kebaikan." · 63

Bagaimana kejahatan dipaparkan sebagai dosa
Untuk menyingkirkan kejahatan dan menjadi orang yang dipenuhi kebaikan
Generasi jahat dan penuh zina yang menginginkan tanda
Bentuk kejahatan yang kita mesti benci

Glosari 1

Bahagian 2 Berkenaan Kebenaran...

Bab 6 Kebenaran Yang Membawa ke Arah Kehidupan · 83

Kebenaran pada pandangan Tuhan
Satu tindakan kebenaran yang menyelamatkan manusia
Permulaan kebenaran adalah dengan percaya kepada Tuhan
Kebenaran Yesus Kristus yang kita mesti teladani
Cara menjadi orang yang benar
Rahmat bagi orang yang benar

Bab 7 Orang Yang Benar Akan Hidup Berdasarkan Keimanan · 97

Untuk menjadi orang yang betul-betul benar
Mengapakah kita mesti menjadi orang yang benar?
Orang yang benar akan hidup berdasarkan keimanan
Cara untuk memiliki keimanan rohani
Cara hidup berdasarkan keimanan

Bab 8 Untuk Kepatuhan Kristus · 109

Fikiran badaniah yang jahat terhadap Tuhan
"Menganggap Diri Sentiasa Betul" – salah satu daripada fikiran badaniah yang utama
Hawari Paulus memusnahkan fikiran badaniahnya
Kebenaran yang datang daripada Tuhan
Saul ingkar terhadap Tuhan dengan fikiran badaniah
Cara memenuhi kebenaran Tuhan melalui keimanan

Bab 9 Dia Yang Dipuji Tuhan · 123

Dia yang dipuji Tuhan
Diperkenan oleh Tuhan
Pakukan semangat dan keinginan kamu pada salib
Orang-orang tua yang benar di hadapan Tuhan

Bab 10 Rahmat · 137

Ibrahim, Bapa Keimanan
Tuhan mempertimbangkan keimanan sebagai kebenaran dan memberikan rahmat-Nya
Tuhan mencipta bekas berkualiti melalui ujian
Tuhan menyediakan jalan keluar, walaupun dalam ujian
Tuhan merahmati walaupun semasa ujian
Sifat Ibrahim sebagai bekas

Glosari 2, 3

Bahagian 3 Berkenaan Penghakiman...

Bab 11 Dosa Ingkar Terhadap Tuhan · 155

Adam, manusia yang dicipta berdasarkan imej Tuhan
Adam memakan buah terlarang
Akibat dosa Adam kerana ingkar terhadap Tuhan
Sebab Tuhan meletakkan pohon pengetahuan tentang kebaikan dan kejahatan
Cara untuk bebas daripada sumpahan yang disebabkan oleh dosa
Akibat dosa Saul kerana ingkar terhadap Tuhan
Akibat dosa Kain kerana ingkar terhadap Tuhan

Bab 12 "Aku Akan Musnahkan Manusia Dari Dunia" · 167

Perbezaan antara orang yang jahat dengan orang yang baik
Mengapa tibanya penghakiman Tuhan
* Kerana kejahatan manusia amat hebat
* Kerana fikiran dalam hati adalah jahat
* Kerana setiap niat dalam hati adalah sentiasa jahat
Untuk mengelakkan penghakiman Tuhan

Bab 13 Jangan Menentang Kehendak-Nya · 179

Penghakiman datang apabila kita menentang kehendak Tuhan
Orang yang menentang kehendak Tuhan

Bab 14 "Demikianlah Firman TUHAN Sekalian Alam…" · 193

Tuhan menolak orang yang bangga
Sifat bangga Raja Hizkia
Perasaan bangga orang yang tidak percaya
Sifat bangga nabi palsu
Penghakiman bagi orang yang bertindak dengan perasaan bangga dan kejahatan
Rahmat bagi orang benar yang takut dengan Tuhan

Bab 15 Berkenaan Dosa, Kebenaran dan Penghakiman · 203

Berkenaan dosa
Mengapa Dia menghakimi berkenaan dosa
Berkenaan kebenaran
Mengapa Dia menghakimi berkenaan kebenaran
Berkenaan penghakiman
Roh Kudus menyabitkan seluruh dunia
Singkirkan dosa dan jalani hidup dalam kebenaran

Glosari 4

Berkenaan Dosa

"... berkenaan dosa, kerana mereka
tidak percaya kepada-Ku;"
(Yohanes 16:9)

"Apakah mukamu tidak akan berseri, jika engkau berbuat baik? Dan jika kamu tidak berbuat baik, dosa sedang mendekati di pintu; dan hasratnya adalah untuk kamu, tetapi kamu mesti menguasainya." (Kejadian 4:7)

"'Hanya akuilah kesalahanmu, bahawa engkau telah menderhaka terhadap TUHAN, Tuhanmu dan telah melampiaskan cinta berahimu kepada orang-orang asing di bawah setiap pohon yang rimbun, dan tidak mendengarkan suara-Ku,' demikianlah firman TUHAN." (Yeremia 3:13)

"Aku berkata kepadamu, sesungguhnya semua dosa dan hujat anak-anak manusia akan diampuni, ya, semua hujat yang mereka ucapkan; tetapi apabila seorang menghujat Roh Kudus, ia tidak mendapat ampun selama-lamanya, melainkan bersalah kerana berbuat dosa kekal." (Markus 3:28-29)

"'Tetapi supaya kamu tahu, bahawa di dunia ini Anak Manusia berkuasa mengampuni dosa,' Dia berkata kepada orang lumpuh itu "Kepadamu Kukatakan, bangunlah, angkatlah tempat tidurmu dan pulanglah ke rumahmu.'" (Lukas 5:24)

"Kemudian Yesus bertemu dengan dia dalam Bait Tuhan lalu berkata kepadanya: "Engkau telah sembuh; jangan berbuat dosa lagi, supaya padamu jangan terjadi yang lebih buruk.'" (Yohanes 5:14)

"Apakah kamu tidak tahu, bahawa apabila kamu menyerahkan dirimu kepada seseorang sebagai hamba untuk mentaatinya, kamu adalah hamba orang itu, yang harus kamu taati, baik dalam dosa yang memimpin kamu kepada kematian, mahupun dalam ketaatan yang memimpin kamu kepada kebenaran?" (Roma 6:16-24)

"Anak-anakku, hal-hal ini kutuliskan kepada kamu, supaya kamu jangan berbuat dosa. Namun jika seorang berbuat dosa, kita mempunyai seorang pengantara pada Bapa, iaitu Yesus Kristus, yang adil; dan Dia adalah pendamaian untuk segala dosa kita, dan bukan untuk dosa kita saja, tetapi juga untuk dosa seluruh dunia." (1 Yohanes 2:1-2)

Bab 1

Penyelamatan

> *"Dan keselamatan tidak ada di dalam sesiapa pun juga selain di dalam Dia, sebab di bawah syurga ini tidak ada nama lain yang diberikan kepada manusia yang olehnya kita dapat diselamatkan."*
> *(Kisah Para Rasul 4:12)*

Di dunia ini, bergantung kepada agama dan budaya, manusia menyembah segala jenis berhala yang berbeza; terdapat berhala yang digelar 'tuhan yang tidak kita kenali' (Kisah Para Rasul 17:23). Kini, agama yang digelar 'Agama Kebangkitan' merupakan agama yang dicipta daripada gabungan doktrin pelbagai agama dan menarik pelbagai perhatian. Selain itu, ramai orang sudah menerima 'agama majmuk' yang berdasarkan falsafah bahawa terdapat penyelamatan dalam semua agama. Walau bagaimanapun, Injil memberitahu kita bahawa Tuhan sang Pencipta merupakan satu-satunya Tuhan dan Yesus Kristus adalah satu-satunya Penyelamat (Ulangan 4:39; Yohanes 14:6; Kisah Para Rasul 4:12).

Tuhan Pencipta dan manusia

Tuhan sudah pasti wujud. Sama seperti kita wujud kerana ibu bapa kita melahirkan kita, manusia wujud di dunia ini kerana Tuhan mencipta kita.

Apabila kita melihat pada jam tangan, kita dapat melihat bahagian kecil dalam jam tangan yang bekerja dengan kompleks untuk menyatakan masa. Tetapi tidak akan ada sesiapa yang melihat pada jam tangan itu dan terfikir semuanya dipasang dengan sendirinya. Jam tangan yang kecil sekalipun wujud di dunia ini kerana ada orang yang mereka dan membuatnya. Maka bagaimana pula dengan alam semesta? Alam semesta ini cukup kompleks dan begitu luas sehinggakan minda manusia tidak boleh membayangkan semua misteri di dalamnya mahupun memahami skalanya. Cukup tidak terbanding dengan jam yang kecil. Hakikat bahawa sistem solar yang merupakan sebahagian kecil daripada alam semesta ini beroperasi dengan tepat tanpa sedikit pun kesilapan, membuatkan kita lebih beriman dengan ciptaan Tuhan.

Tubuh manusia juga begitu. Semua organ, sel dan banyak elemen lagi teratur dengan sempurna dan bekerja dengan begitu kompleks hinggakan susunan dan fungsi mereka merupakan suatu keajaiban. Namun, dengan segala perkara yang manusia dapat tahu tentang tubuh manusia hanyalah sebahagian daripada segala perkara untuk dipelajari. Maka, bagaimana boleh kita berkata sesuatu seperti anatomi manusia terjadi begitu sahaja?

Biar saya kongsikan gambarajah ringkas yang boleh semua orang akui. Pada wajah seseorang, terdapat sepasang mata, satu hidung, sepasang lubang hidung, satu mulut dan sepasang telinga. Susunannya adalah agar mata berada di atas sekali, hidung di tengah, mulut di bawah hidung dan telinga diletakkan di sisi muka. Susunan ini sama, tidak kisah sama ada mereka berkulit hitam, putih atau kuning langsat. Perkara ini bukan setakat benar untuk manusia sahaja. Hal yang sama terpakai kepada haiwan seperti singa, harimau, gajah, anjing, dll., dan untuk burung seperti burung helang dan merpati serta ikan.

Jika evolusi Darwin itu benar, haiwan, burung dan manusia pasti sudah berevolusi dengan berbeza menurut cara masing-masing mengikut persekitaran mereka. Namun, mengapa penampilan dan susunan wajah mereka sangat serupa? Inilah bukti paling kukuh bahawa satu-satunya Tuhan sang Pencipta yang mereka dan mencipta kita semua. Hakikat bahawa kita semua dicipta dalam imej yang sama menunjukkan bahawa sang Pencipta bukanlah beberapa makhluk, tetapi satu sahaja.

Asalnya, saya seorang ateis. Saya terdengar kata orang bahawa jika anda pergi ke gereja, anda boleh menerima penyelamatan. Walau bagaimanapun, saya tidak tahu pun makna penyelamatan, atau cara untuk menerimanya. Maka pada suatu hari, perut saya rosak kerana terlalu minum minuman keras dan akhirnya, saya terpaksa meluangkan tujuh tahun seterusnya sakit di atas katil. Setiap malam ibu saya menuang air ke dalam mangkuk menghadap ke arah Gayung Besar dan sambil dia menggosokkan tapak tangannya, dia berdoa dan berdoa agar saya sembuh. Dia juga menderma wang yang banyak kepada kuil Buddha, tetapi penyakit saya menjadi semakin teruk. Saya tidak diselamatkan daripada situasi terdesak ini oleh Gayung Besar mahupun saya diselamatkan oleh Buddha. Tuhan yang menyelamatkan saya. Waktu ibu saya terdengar bahawa saya berjaya disembuhkan setelah pergi ke gereja, dia membuang semua berhalanya dan pergi ke gereja. Hal ini kerana dia sedar bahawa hanya Tuhan merupakan satu-satunya Tuhan sejati.

Dinding dosa di antara Tuhan dan manusia

Walaupun terdapat hakikat bahawa adanya bukti jelas bahawa Tuhan sang Pencipta yang mencipta syurga dan bumi wujud, mengapa masih ada orang yang tidak beriman dengan-Nya atau tidak mahu bertemu-Nya? Hal ini kerana terdapat dinding dosa yang menyekat hubungan antara Tuhan dan manusia. Disebabkan Tuhan sang Pencipta salih, dan Dia maksum, jika kita mempunyai dosa, kita tidak boleh berkomunikasi dengan-Nya.

Kadangkala ada orang yang berasa, "Aku tiada dosa." Sama seperti kita tidak boleh melihat kotoran pada baju kita jika kita berada dalam bilik yang gelap, jika kita berada dalam kegelapan iaitu ketidakbenaran, kita tidak boleh melihat dosa kita. Maka, jika kita berkata kita beriman dengan Tuhan namun mata rohani kita masih tertutup, maka kita tidak dapat mengetahui dosa kita. Kita hanya akan pergi dan balik dari gereja tanpa tujuan. Hasilnya? Kita pergi ke gereja selama 10 ataupun 20 tahun tanpa bertemu dengan Tuhan dan tanpa menerima jawapan kepada mana-mana doa kita.

Tuhan kasih sayang mahu bertemu, bercakap dan memakbulkan doa kita. Kerana itulah Tuhan meminta setiap daripada kita dengan ikhlas, "Sila runtuhkan dinding dosa antara kau dan Aku agar kita boleh berkongsi perbualan kasih sayang dengan bebas. Sila berikan Aku jalan untuk menghilangkan kesakitan dan penderitaan yang kau alami sekarang."

Katakanlah seorang kanak-kanak cuba untuk memasukkan seutas benang melalui mata jarum peniti. Ini bukanlah tugas yang mudah untuk seorang budak. Namun, ia tugas yang agak mudah bagi ibu bapa kanak-kanak tersebut. Tetapi tanpa mengira betapa banyak ibu bapa mahu membantu anaknya, jika ada dinding yang besar berdiri antara mereka, ibu bapa tersebut tidak boleh membantu anak mereka. Sama juga, jika terdapat dinding dosa yang besar berdiri antara kita dan Tuhan, kita tidak boleh menerima jawapan bagi doa kita. Maka terlebih dahulu, kita perlu menyelesaikan masalah dosa ini dan kemudian kita perlu menerima penyelesaian mutakhir bagi isu penyelamatan yang paling penting.

Makna sebenar penyelamatan

Dalam masyarakat kita, perkataan 'penyelamatan' digunakan dalam pelbagai cara yang berbeza. Apabila kita menyelamatkan orang yang lemas atau membantu seseorang pulih daripada kegagalan perniagaan atau membantu seseorang yang berada dalam krisis keluarga, kadangkala kita berkata kita 'menyelamatkan' mereka.

Maka apa yang dimaksudkan Injil dengan 'diselamatkan'? Menurut Injil, ia mengangkat manusia daripada dosa. Iaitu membawa mereka dalam sempadan tempat di mana Tuhan mahu mereka berada, di mana mereka boleh menerima penyelesaian kepada masalah dosa dan menikmati kegembiraan abadi di Syurga. Maka dalam istilah rohani yang ringkas, kemasukan kepada penyelamatan ialah Yesus Kristus dan rumah penyelamatan adalah Syurga atau kerajaan Tuhan.

Dalam Yohanes 14:6, Yesus bersabda, "Akulah jalan dan kebenaran dan hidup. Tidak ada seorang pun yang datang kepada Bapa, kalau tidak melalui Aku." Oleh itu, penyelamatan adalah masuk Syurga melalui Yesus Kristus.

Ramai orang menyebarkan agama Kristian dan menekankan kepentingan menerima penyelamatan. Maka, mengapa kita memerlukan penyelamatan? Hal ini kerana roh kita abadi. Apabila manusia mati, jiwa dan roh mereka terasing daripada tubuh dan manusia yang menerima penyelamatan masuk ke Syurga dan yang tidak menerima penyelamatan masuk ke Neraka. Syurga merupakan kerajaan Tuhan di mana adanya kegembiraan abadi dan Neraka merupakan tempat kesakitan dan penderitaan abadi, terdiri daripada tasik api dan belerang (Wahyu 21:8).

Disebabkan Syurga dan Neraka adalah tempat yang benar-benar wujud, terdapat orang yang sudah melihat Syurga dan Neraka melalui visi dan terdapat ramai orang yang rohnya telah mengunjungi kedua-dua tempat ini. Jika ada individu yang berasa mereka ini menipu, maka individu ini bersikap degil. Disebabkan Injil menerangkan dengan jelas tentang Syurga dan Neraka, kita perlu percaya. Injil, tidak sama seperti kitab lain, mengandungi mesej penyelamatan, iaitu firman Tuhan sang Pencipta.

Injil merakam penciptaan manusia dan cara Tuhan bekerja setakat ini. Ia menerangkan dengan lengkap proses cara manusia berdosa, korup dan tertakluk dengan kematian abadi, dan bagaimana Tuhan menyelamatkan manusia. Ia merakam kejadian yang lalu, semasa, masa depan dan penghakiman mutakhir Tuhan pada hari kiamat.

Ya, penting untuk kita hidup dengan aman tanpa sebarang masalah di dunia ini. Walau bagaimanapun, kehidupan yang kita jalani di dunia ini sangat pendek dan sementara, berbanding dengan di Syurga. Sepuluh tahun di sini terasa lama, tetapi apabila kita melihat semula, ia bagaikan semalam sahaja. Masa selebihnya kita di dunia ini juga sama. Walaupun seseorang boleh hidup dan bekerja keras dan memperoleh banyak perkara, mereka semua akan hancur apabila kehidupan di bumi sudah tamat. Maka, apa yang bagusnya?

Tanpa mengira betapa banyak harta dan pencapaian kita, kita tidak boleh membawanya bersama ke dunia abadi. Walaupun setelah kita masyhur dan berkuasa, apabila kita mati, semua itu akhirnya akan hilang dan dilupakan.

Kaedah penyelamatan

Kisah Para Rasul 4:12, "Dan keselamatan tidak ada di dalam sesiapa pun juga selain di dalam Dia, sebab di bawah syurga ini tidak ada nama lain yang diberikan kepada manusia yang olehnya kita dapat diselamatkan." Injil memberitahu kita bahawa Yesus Kristus merupakan satu-satunya Penyelamat yang boleh menyelamatkan kita. Maka mengapa penyelamatan hanya mungkin dengan Yesus Kristus? Hal ini kerana masalah dosa mesti diselesaikan. Untuk lebih memahami perkara ini, mari kita kembali ke zaman Adam dan Hawa, asal-usul bagi manusia.

Setelah mencipta Adam dan Hawa, Tuhan memberikan Adam kuasa dan kemuliaan untuk memerintah bagi semua perkara yang dicipta. Buat masa yang lama, mereka hidup dengan bahagia di Taman Eden sehingga pada suatu hari mereka terpedaya dengan rancangan ular dan makan buah pengetahuan kebaikan dan kejahatan. Setelah mengingkari Tuhan dengan memakan buah yang dilarang Tuhan untuk memakannya, dosa memasuki diri mereka (Kejadian 3:1-6).

Roma 5:12 menyatakan, "Dosa masuk ke dalam dunia melalui satu orang, dan dari dosa itu timbullah kematian. Jadi, itulah sebabnya semua orang harus mati, sebab semua orang telah berdosa." Disebabkan Adam, dosa datang ke dunia ini dan semua manusia melakukan dosa. Hasilnya, kematian datang kepada manusia.

Tuhan tidak menyelamatkan orang sebegini daripada dosa tanpa sebarang syarat. Roma 5:18-19 menyatakan, "Jadi, sebagaimana pelanggaran satu orang mengakibatkan seluruh umat manusia dihukum, begitu juga perbuatan satu orang yang mengikuti kehendak Tuhan, mengakibatkan semua orang dibebaskan dari kesalahan dan diberi hidup. Jadi sama seperti oleh ketidaktaatan satu orang semua orang telah menjadi orang berdosa, demikian pula oleh ketaatan Satu Orang semua orang menjadi orang benar."

Hal ini bermakna sama seperti semua manusia menjadi pendosa disebabkan dosa seorang lelaki iaitu Adam, melalui ketaatan seorang lelaki, semua umat manusia juga boleh diselamatkan. Tuhan merupakan ketua semua yang dicipta, tetapi Dia menjadikan segala-galanya dalam aturan yang tertib (1 Korintus 14:40); oleh itu, Dia menyediakan seorang lelaki yang mempunyai semua kelayakan sebagai seorang Penyelamat, dan orang itu adalah Yesus Kristus.

Takdir penyelamatan melalui Yesus Kristus

Dalam hukum rohani, terdapat hukum yang mengatakan, "upah dosa ialah maut" (Roma 6:23). Selain itu, terdapat juga hukum untuk menebus diri daripada dosa ini. Perkara yang berkaitan secara langsung dengan hukum rohani ini adalah hukum tentang penebusan tanah di Israel. Hukum ini membenarkan individu untuk menjual tanah, tetapi bukan secara kekal. Jika seseorang menjual tanahnya disebabkan kesukaran ekonomi, pada bila-bila masa, salah seorang daripada saudaranya yang kaya boleh membeli tanah tersebut untuknya. Jika dia tidak mempunyai saudara kaya yang boleh melakukan demikian, dia boleh sentiasa membelinya semula jika dan apabila dia kaya (Imamat 25:23-25).

Penebusan daripada dosa juga berfungsi dengan cara yang sama. Jika ada sesiapa yang layak untuk menebus saudaranya daripada dosa, maka dia boleh berbuat demikian. Namun, sesiapa pun dia, dia perlu menjadi orang yang menanggung akibat dosa tersebut.

Tetapi seperti yang tertulis dalam 1 Korintus 15:21, "Sebab sama seperti maut datang kerana demikian juga kebangkitan orang mati datang kerana seorang manusia," satu-satunya perkara yang boleh menyelamatkan kita daripada dosa adalah seorang manusia. Disebabkan inilah Yesus datang ke dunia ini dalam bentuk daging; dalam bentuk seorang manusia yang menjadi pendosa.

Seseorang yang berhutang tidak mampu untuk membayar hutang untuk orang lain. Sama juga, seseorang yang berdosa tidak boleh menebus kembali umat manusia daripada dosa. Seorang manusia bukan sahaja mewarisi ciri fizikal dan sifat keperibadian ibu bapanya, tetapi juga sifat dosa mereka. Jika kita perhatikan kanak-kanak yang muda dan kita lihat seorang lagi kanak-kanak yang duduk di atas paha ibunya, anak tersebut akan berasa tidak selesa dan cuba untuk menolak kanak-kanak seorang lagi daripada paha ibunya. Walaupun tiada sesiapa yang mengajarnya untuk berbuat demikian, perasaan cemburu dan iri hati datang dengan semula jadi kepadanya. Sesetengah bayi, apabila mereka lapar dan tidak disuap dengan segera, mereka mula menangis tanpa henti. Hal ini kerana sifat berdosa kemarahan yang mereka warisi daripada ibu bapa mereka. Jenis sifat berdosa ini yang diwarisi manusia daripada ibu bapa mereka melalui kuasa kehidupan dipanggil 'dosa asli'. Semua waris Adam dilahirkan dengan dosa asli ini, oleh itu, tiada seorang pun yang boleh menebus orang lain daripada dosa.

Walau bagaimanapun, Yesus dilahirkan melalui kandungan Roh Kudus, maka Dia tidak mewarisi dosa asli ini daripada mana-mana ibu bapa. Semasa Dia membesar, Dia mematuhi semua hukum; oleh itu, Dia tidak melakukan sebarang jenis dosa. Di dunia rohani, tiada dosa bermakna ada kuasa.

Yesus menerima hukuman penyaliban dengan gembira kerana Dia memiliki kasih saya yang tidak membela nyawa-Nya sendiri pun untuk menebus manusia daripada dosa. Untuk menebus manusia daripada sumpahan Hukum, Dia mati di kayu salib (Galatia 3:13) dan menumpahkan darah-Nya yang berharga yang tidak dicemari daripada dosa asli atau dosa yang dilakukan sendiri. Dia membayar semua dosa untuk umat manusia.

Untuk menyelamatkan pendosa, Tuhan tidak membela nyawa satu-satunya Anak-Nya dengan kematian di salib. Inilah kasih sayang yang hebat yang dilimpahkan-Nya kepada kita. Yesus membuktikan kasih sayang-Nya untuk kita dengan memberikan nyawa-Nya untuk menjadi korban damai antara kita dan Tuhan. Selain Yesus, tiada sesiapa lagi yang mempunyai kasih sayang sebegini, atau kuasa untuk menebus kita daripada dosa. Inilah sebab mengapa hanya dengan melalui Yesus Kristus kita boleh menerima penyelamatan.

Bab 2

Bapa, Anak dan Roh Kudus

"Bagimu ada Penolong, iaitu Roh Kudus yang akan diutus oleh Bapa dalam nama-Ku. Penolong itulah yang akan mengajarkan segala sesuatu kepadamu, dan yang akan mengingatkan kamu akan semua yang telah Aku katakan kepadamu."
(Yohanes 14:26)

Jika anda baca Kejadian 1:26, ada menyatakan, "Berfirmanlah Tuhan, 'Baiklah Kita menjadikan manusia menurut gambar dan rupa Kita...'" Di sini, 'Kita' melambangkan Tuhan Triniti —Bapa, Anak dan Roh Kudus. Walaupun setiap peranan Bapa, Anak dan Roh Kudus dalam mencipta manusia dan memenuhi ketentuan penyelamatan adalah berbeza, kerana Tiga ini asalnya satu, maka Mereka digelar Tuhan Triniti.

Hal ini adalah doktrin agama Kristian yang paling penting dan kerana ia merupakan mesej rahsia tentang asal-usul Tuhan sang Pencipta, agak sukar untuk kita benar-benar memahami konsep ini dengan logik dan pengetahuan manusia yang terhad. Walau bagaimanapun, untuk menyelesaikan masalah dosa dan menerima penyelamatan sepenuhnya, kita perlu memiliki pengetahuan yang betul tentang Tuhan Triniti Bapa, Tuhan Anak dan Tuhan Roh Kudus. Hanya apabila kita memiliki pemahaman ini, kita boleh menikmati rahmat dan kuasa menjadi anak Tuhan sepenuhnya.

Siapakah Tuhan Bapa?

Yang paling penting, Tuhan adalah Pencipta alam semesta ini. Bab 1 Kejadian menggambarkan cara Tuhan mencipta lama semesta. Daripada langsung tiada, Tuhan mencipta syurga dan bumi dalam masa enam hari dengan Firman-Nya. Pada hari keenam, Tuhan mencipta Adam, bapa manusia. Hanya dengan melihat kepada aturan dan keharmonian segala-gala ciptaan, kita dapat tahu bahawa Tuhan hidup dan hanya ada satu Tuhan Pencipta.

Tuhan itu maha mengetahui. Tuhan itu sempurna dan Dia tahu segala-galanya. Oleh itu, Dia membenarkan kita tahu akan perkara yang akan berlaku melalui ramalan menerusi orang yang dekat dengan-Nya (Amos 3:7). Tuhan juga maha kuasa dan boleh melakukan segala-galanya. Disebabkan itulah Injil memegang rakaman pelbagai tanda dan mukjizat yang tidak boleh dilakukan dengan kuasa dan kebolehan manusia.

Selain itu, Tuhan wujud dengan sendiri. Dalam Keluaran bab 3, kita dapat melihat babak di mana Tuhan muncul di hadapan Musa. Di belukar yang terbakar, Tuhan menyeru Musa untuk menjadi ketua Keluaran daripada Mesir. Pada ketika itu, Dia berfirman kepada Musa, "AKU ADALAH AKU." Dia menjelaskan salah satu ciri-Nya iaitu kewujudan sendiri. Hal ini bermakna tiada sesiapa mencipta ataupun melahirkan Tuhan. Dia wujud dengan sendiri daripada awal.

Tuhan juga merupakan penulis Injil. Namun, disebabkan Tuhan Pencipta sangat melampaui manusia, agak sukar untuk benar-benar menerangkan kewujudan-Nya daripada perspektif manusia. Hal ini kerana Tuhan merupakan makhluk infiniti; oleh itu, manusia dengan pandangan yang terhad tidak boleh mengetahui segala-galanya tentang Dia.

Dalam Injil, kita boleh melihat bahawa Tuhan Bapa digelar dengan berbeza bergantung kepada situasi. Dalam Keluaran 6:3 ada menyatakan, "Aku telah menampakkan diri kepada Abraham, Ishak dan Yakub sebagai Tuhan Yang Maha Kuasa, tetapi dengan nama-Ku TUHAN, Aku belum menyatakan diri." Dan dalam Keluaran 15:3, ada tertulis, "TUHAN itu adalah pahlawan; TUHAN nama-Nya." Nama 'TUHAN' bukan setakat bermakna 'dia yang wujud sendiri'; tetapi ia juga bermakna satu-satunya Tuhan sejati yang memerintah seluruh negara di dunia dan segala-gala di dalamnya.

Ungkapan 'Tuhan' digunakan dengan makna bahawa Dia ada dengan setiap kaum, negara atau individu; oleh itu, namanya digunakan untuk menunjukkan kemanusiaan Tuhan. Nama 'TUHAN' juga lebih meluas, nama umum bagi Ketuhanan, ia merupakan ungkapan untuk kemanusiaan Tuhan yang mempunyai hubungan rohani yang rapat dengan setiap individu. "Tuhan Abraham, Tuhan Ishak dan Tuhan Yakobus" antara contoh yang ada.

Maka mengapa kita memanggil Tuhan ini 'Tuhan Bapa'? Hal ini kerana Tuhan bukan setakat menyelia seluruh alam semesta dan merupakan Hakim mutakhir; namun yang lebih penting lagi, Dia merupakan pengarah teratas bagi perancang dan pelaksanaan pemupukan manusia. Jika kita beriman dengan Tuhan ini, kita boleh memanggil-Nya 'Bapa' dan alami kuasa dan rahmat-Nya yang hebat dengan menjadi anak-Nya.

Tuhan Bapa: pengarah ulung pemupukan manusia

Tuhan Pencipta memulakan pemupukan manusia untuk memperoleh anak sejati agar Dia boleh berkongsi hubungan yang sejati dan saling mengasihi. Seperti wujudnya permulaan dan pengakhiran bagi segala ciptaan, ada permulaan dan pengakhiran bagi hayat manusia di dunia.

Wahyu 20:11-15 menyatakan, "Kemudian aku melihat takhta putih yang besar. Aku melihat yang duduk di atasnya. Bumi dan langit pergi dari hadapan-Nya dan lenyap. Kemudian aku melihat orang mati, besar dan kecil, berdiri di hadapan takhta itu. Kemudian Kitab Kehidupan dibuka. Kitab-kitab lain juga dibuka. Mereka dihakimi menurut perbuatannya. Perbuatannya telah tertulis di dalam kitab-kitab itu. Laut menyerahkan orang mati yang ada di dalamnya. Maut dan kerajaan maut menyerahkan orang mati yang ada di dalamnya. Mereka masing-masing dihakimi menurut perbuatannya. Kemudian maut dan kerajaan maut itu dilemparkan ke dalam lautan api. Itulah kematian yang kedua. Setiap orang yang namanya tidak tertulis di dalam Kitab Kehidupan itu akan dilemparkan ke dalam lautan api."

Petikan ini merupakan penjelasan bagi Takhta Putih yang Besar. Apabila pemupukan manusia berakhir di bumi, Tuhan akan kembali ke kayangan untuk mengumpulkan semua orang beriman. Maka, orang beriman yang hidup akan diangkat ke Udara, di mana Kenduri Kahwin Selama Tujuh Tahun akan diadakan. Semasa Kenduri Kahwin berlaku di Udara, akan berlaku kesukaran selama tujuh tahun di Bumi. Selepas itu, Tuhan akan kembali ke Bumi dan memerintah selama milenium. Selepas satu milenium, akan berlakunya Penghakiman Takhta Putih yang Besar. Pada ketika itu, anak-anak Tuhan yang namanya dicatat dalam kitab kehidupan akan pergi ke Syurga, dan nama yang tidak dicatat dalam kitab kehidupan akan dihakimi mengikut perbuatan mereka dan kemudian masuk ke Neraka.

Apabila kita melihat kitab Injil, kita boleh melihat perkara itu daripada waktu Tuhan mencipta manusia sehingga kini, Tuhan masih mengasihi kita. Walaupun selepas Adam dan Hawa berdosa dan dihalau daripada Taman Eden, Tuhan membenarkan kita tahu tentang kehendak-Nya, kehendak-Nya dan perkara yang akan dilalui lelaki salih seperti Noh, Abraham, Musa, Daud dan Daniel. Sehingga kini, kuasa dan kehadiran Tuhan masih jelas dalam kehidupan kita. Dia bekerja menerusi orang sebegitu yang benar-benar mengakui-Nya dan mengasihi-Nya.

Apabila kita melihat pada kitab Perjanjian Lama, kita boleh lihat bahawa Tuhan mengasihi kita, Dia mengajar kita bagaimana untuk tidak berdosa dan cara untuk hidup dalam kesalihan. Dia mengajar kita tentang makna dosa dan kesalihan agar kita boleh mengelakkan penghakiman. Dia juga mengajar kita bahawa apabila kita menyembah-Nya, kita perlu mengetepikan perayaan istimewa untuk membuat korban kepada-Nya agar kita tidak lupa akan Tuhan hidup. Kita boleh lihat bahawa Dia merahmati sesiapa yang beriman dengan-Nya dan untuk yang berdosa, Dia memberikan mereka peluang untuk berpaling daripada dosa mereka, sama ada melalui hukuman atau cara lain. Dia juga menggunakan para nabi-Nya untuk mendedahkan kehendak-Nya dan untuk mengajar kita untuk hidup dalam kebenaran.

Walau bagaimanapun, manusia tidak taat, tetapi mereka terus berdosa. Untuk menyelesaikan masalah ini, Dia mengirim Penyelamat, Yesus Kristus yang Dia sudah sediakan sejak sebelum permulaan zaman. Dia jugalah yang membuka cara penyelamatan agar semua orang boleh diselamatkan melalui iman.

Siapakah Anak, Yesus Kristus?

Orang yang berdosa tidak boleh menebus dosa bagi dosa orang lain, maka orang tanpa sebarang dosa diperlukan. Kerana itulah Tuhan datang dalam bentuk daging dan turun ke dunia ini—dan inilah Yesus. Disebabkan upah dosa adalah kematian, Yesus perlu menerima hukuman mati di salib untuk menebus bagi dosa kita. Hal ini kerana tanpa menumpahkan darah, tiada pengampunan dosa (Imamat 17:11; Ibrani 9:22).

Di bawah ketentuan Tuhan, Yesus mati di salib kayu untuk membebaskan manusia daripada berada di bawah sumpahan hukum. Setelah menebus manusia daripada dosa mereka, Dia bangkit daripada maut pada hari ketiga. Oleh itu, sesiapa yang beriman dengan Yesus Kristus sebagai Penyelamat mereka diampunkan dosa dan menerima penyelamatan. Sama seperti Yesus yang menjadi buah pertama kebangkitan, kita juga akan dibangkitkan semula dan masuk ke Syurga.

Dalam Yohanes 14:6, Yesus bersabda, "Akulah jalan dan kebenaran dan hidup. Tidak ada seorang pun yang datang kepada Bapa, kalau tidak melalui Aku." Yesus adalah jalannya kerana Dia menjadi jalan untuk manusia memasuki Syurga di mana Tuhan Bapa memerintah; Dia kebenaran kerana Dia adalah Firman Tuhan yang menjadi daging dan datang ke dunia ini dan Dia adalah kehidupan kerana melalui Dia sendiri, manusia menerima penyelamatan dan kehidupan abadi.

Semasa Dia berada di bumi, Yesus mentaati Hukum sepenuhnya. Mengikut undang-undang Israel, Dia disunat pada hari kelapan kelahiran-Nya. Dia tinggal bersama ibu bapa-Nya sehingga umur-Nya 30 dan melakukan semua tugas-Nya. Yesus tidak mempunyai dosa asli mahupun melakukan dosa. Oleh itu, ada tertulis tentang Yesus dalam 1 Petrus 2:22, "...tidak pernah berbuat dosa, dan tidak pernah seorang pun mendengar Ia berdusta."

Tidak lama selepas itu, Yesus mula berpuasa selama 40 hari sebelum keluar untuk memenuhi tanggungjawab melakukan tugas paderi menurut kehendak Tuhan. Dia memberitahu ramai orang tentang Tuhan hidup dan perkhabaran Injil akan kerajaan syurga dan Dia menunjukkan kekuasaan Tuhan ke mana-mana Dia pergi. Dia menunjukkan dengan jelas bahawa Tuhan adalah Tuhan sebenar dan Dia merupakan penyelia tertinggi kehidupan dan kematian.

Sebab Yesus datang ke dunia ini adalah untuk memberitahu semua umat manusia tentang Tuhan Bapa, untuk memusnahkan syaitan, untuk menyelamatkan kita daripada dosa dan untuk memimpin kita menuju jalan kehidupan abadi. Maka dalam Yohanes 4:34, Yesus bersabda, "Makanan-Ku ialah melakukan kehendak Dia yang mengutus Aku. Makanan-Ku adalah menyelesaikan pekerjaan yang diberikan-Nya kepada-Ku."

Yesus Kristus Penyelamat

Yesus Kristus bukan setakat salah seorang ahli falsafah terhebat yang dikenali dunia. Dia merupakan Penyelamat yang membuka jalan penyelamatan bagi semua umat manusia; oleh itu Dia tidak boleh diletakkan pada tahap yang sama seperti manusia yang hanyalah makhluk ciptaan sahaja. Jika anda melihat pada Filipi 2:6-11 ada menyatakan, "Kristus yang walaupun dalam rupa Tuhan, tidak menganggap kesetaraan dengan Tuhan itu sebagai milik yang harus dipertahankan, melainkan telah mengosongkan diri-Nya sendiri, dan mengambil rupa seorang hamba, dan menjadi sama dengan manusia. Dan dalam keadaan sebagai manusia, Dia telah merendahkan diriNya dan taat sampai mati, bahkan sampai mati di kayu salib. Itulah sebabnya Tuhan sangat meninggikan Dia dan mengurniakan kepada-Nya nama di atas segala nama, supaya dalam nama Yesus bertekuk lutut segala yang ada di langit dan yang ada di atas bumi dan yang ada di bawah bumi, dan segala lidah mengaku: "Yesus Kristus adalah Tuhan," bagi kemuliaan Tuhan, Bapa."

Disebabkan Yesus taat kepada Tuhan dan mengorbankan diri-Nya mengikut kehendak Tuhan, Tuhan mengangkat-Nya ke tempat terbaik di tangan kanan-Nya dan menamakan-Nya Raja segala raja dan Tuhan segala tuhan.

Siapakah Roh Kudus, Pembantu?

Apabila Yesus berada di dunia ini, Dia terpaksa bekerja dengan had masa dan ruang kerana Dia memiliki jasad manusia. Dia menyebarkan perkhabaran Injil di kawasan seperti Yudea, Samaria dan Galilea, tetapi Dia tidak boleh menyebarkan perkhabaran Injil ke kawasan yang lebih jauh. Walau bagaimanapun, setelah Yesus bangkit dan naik ke Syurga, Dia menghantar Roh Kudus kepada kita, Pembantu yang akan datang kepada semua umat manusia dan melampaui had masa dan ruang.

Makna "pembantu" adalah: 'nabi yang mempertahankan, memujuk atau membantu orang lain sedar akan kesilapannya'; 'penasihat yang menggalakkan dan memperkasakan orang lain'.

Menjadi suci dan bersatu dengan Tuhan, sehinggakan Roh Kudus tahu akan lubuk hati Tuhan (1 Korintus 2:10). Disebabkan pendosa tidak dapat melihat Tuhan, begitu jugalah Roh Kudus tidak dapat tinggal dalam diri pendosa. Maka, sebelum Yesus menebus kita dengan mati di salib dan menumpahkan darah-Nya untuk kita, Roh Kudus tidak boleh masuk ke dalam hati kita.

Namun selepas Yesus mati dan kemudian dibangkitkan semula, masalah dosa diselesaikan dan sesiapa yang membuka hatinya dan menerima Yesus Kristus boleh menerima Roh Kudus. Apabila seseorang diwajarkan dengan iman, Tuhan mengurniakan mereka hadiah Roh Kudus agar Roh Kudus boleh tinggal dalam hati mereka. Roh Kudus membimbing dan memandu kita dan melalui-Nya, kita boleh berkomunikasi dengan Tuhan.

Maka mengapa Tuhan mengurniakan anak-Nya hadiah Roh Kudus? Hal ini kerana melainkan Roh Kudus datang kepada kita dan membangkitkan semula roh kita yang sudah mati disebabkan dosa Adam, kita tidak boleh masuk dalam kebenaran atau tinggal dalam kebenaran. Apabila kita beriman dengan Yesus Kristus dan menerima Roh Kudus, Roh Kudus datang dalam hati kita dan mengajar kita tentang hukum Tuhan iaitu Kebenaran, agar kita dapat hidup mengikut hukum tersebut dan tinggal dalam kebenaran.

Kerja Roh Kudus, Pembantu

Tugas utama Roh Kudus adalah tugas untuk kita dilahirkan semula. Dengan dilahirkan semula, kita sedar akan hukum Tuhan dan cuba untuk mentaatinya. Disebabkan inilah Yesus bersabda, "Yakinlah, orang harus dilahirkan dari air dan Roh. Jika ia tidak dilahirkan dari air dan Roh, maka ia tidak dapat masuk ke dalam Kerajaan Tuhan. Tubuh manusia dilahirkan dari daging, tetapi hidup rohani seseorang dilahirkan dari Roh" (Yohanes 3:5-6). Maka, melainkan jika kita dilahirkan lagi daripada air dan Roh Kudus, kita tidak boleh menerima penyelamatan.

Di sini, air merujuk kepada air hidup iaitu Firman Tuhan. Kita perlu menjadi bersih sepenuhnya dan diubah dengan Firman Tuhan atau kebenaran. Maka, apa yang dimaksudkan dengan dilahirkan semula daripada Roh Kudus? Apabila kita menerima Yesus Kristus, Tuhan mengurniakan kita hadiah Roh Kudus dan mengakui kita sebagai anak-Nya (Kisah Para Rasul 2:38). Anak Tuhan yang menerima Roh Kudus akan mendengar kepada Firman kebenaran dan belajar untuk membezakan antara baik dan jahat. Apabila mereka berdoa dengan sepenuh hati, Tuhan mengurniakan mereka hawa kurnia dan kekuatan untuk hidup mengikut Firman-Nya. Inilah yang dikatakan dilahirkan semula daripada Roh Kudus. Bergantung kepada tahap di mana Roh melahirkan roh bagi setiap individu, orang tersebut diubah dengan kebenaran. Bergantung juga kepada tahap di mana individu berubah dengan kebenaran, itulah betapa banyak dia boleh menerima iman rohani daripada Tuhan.

Kedua, Roh Kudus membantu kelemahan kita dan memberi syafaat kepada kita dengan keluhan yang terlalu dalam untuk kata-kata, agar kita boleh berdoa (Roma 8:26). Dia juga menguji kita agar kita menjadi pembawa yang lebih baik. Sama seperti yang dikatakan Yesus, "Bagimu ada Penolong, iaitu Roh Kudus yang akan diutus oleh Bapa dalam nama-Ku. Penolong itulah yang akan mengajarkan segala sesuatu kepadamu, dan yang akan mengingatkan kamu akan semua yang telah Aku katakan kepadamu" (Yohanes 14:26), Roh Kudus membimbing kita kepada kebenaran dan mengajar kita tentang perkara yang akan berlaku pada masa depan (Yohanes 16:13).

Selain itu, apabila kita mentaati keinginan Roh Kudus, Dia membenarkan kita menghasilkan buah dan menerima hadiah rohani. Maka, jika kita menerima Roh Kudus dan bertindak mengikut kebenaran, Dia bekerja dalam kita agar kita boleh menghasilkan buah kasih sayang, kegembiraan, keamanan, kesabaran, kebaikan, keimanan, kelembutan dan kawalan diri (Galatia 5:22-23). Bukan setakat itu sahaja, Dia juga mengurniakan hadiah yang bermanfaat untuk kita dalam kehidupan rohani sebagai orang beriman, seperti kata-kata hikmah, kata-kata pengetahuan, iman, hadiah penyembuhan, kesan mukjizat, ramalan, pengenalpastian roh, pelbagai jenis bahasa dan huraian bahasa (1 Korintus 12:7-10).

Tambahan lagi, Roh juga bercakap kepada kita (Kisah Para Rasul 10:19), mengarahkan kita (Kisah Para Rasul 8:29) dan ada kalanya melarang kita untuk bertindak jika ia menentang kehendak Tuhan (Kisah Para Rasul 16:6).

Tuhan Triniti memenuhi takdir penyelamatan

Maka, Bapa, Anak dan Roh Kudus pada asalnya adalah satu. Pada mulanya, Tuhan yang satu ini wujud sebagai Terang dengan suara yang bergema dan menyelia seluruh alam semesta (Yohanes 1-1; 1 Yohanes 1:5). Maka, pada suatu ketika, untuk memperoleh anak sejati agar Dia boleh berkongsi kasih sayang dengan mereka, Dia mula merancang untuk rezeki pemupukan manusia. Dia membahagikan satu ruang yang pada asanya Dia tinggal ke beberapa ruang yang banyak dan dia mula wujud sebagai Tuhan Triniti.

Tuhan Anak, Yesus Kristus yang merupakan satu-satunya Tuhan Asli (Kisah Para Rasul 13:33; Ibrani 5:5) dan Tuhan Roh Kudus juga satu-satunya daripada Tuhan Asli (Yohanes 15:26; Galatia 4:6). Oleh itu, Tuhan Bapa, Tuhan Anak dan Tuhan Roh Kudus iaitu Tuhan Triniti telah memenuhi ketentuan penyelamatan manusia dan akan terus memenuhinya bersama-sama sehingga hari Penghakiman Takhta Putih yang Besar.

Apabila Yesus digantung pada salib, Dia tidak menderita dengan Sendiri. Tuhan Bapa dan Roh Kudus juga mengalami kesakitan tersebut dengan-Nya. Selain itu, apabila Roh Kudus memenuhi tugasnya sebagai paderi dengan berkabung dan berdoa bagi jiwa di bumi, Tuhan Bapa dan Tuhan juga bekerja dengan-Nya.

Dalam 1 Yohanes 5:7-8 ada menyatakan, "Jadi, ada tiga yang memberi kesaksian tentang Yesus kepada kita: Roh, air, dan darah. Ketiga kesaksian itu sependapat." Air secara rohaninya melambangkan kerja paderi bagi Firman Tuhan dan darah secara rohaninya melambangkan kerja paderi Tuhan dan penumpahan darah-Nya pada salib. Dengan bekerja sama dalam kerja paderi Mereka, Tuhan Triniti memberikan bukti penyelamatan kepada semua orang beriman.

Selain itu, Matius 28:19 ada menyatakan, "Pergilah dan jadikanlah semua bangsa pengikut-Ku. Baptislah mereka dalam nama Bapa, Anak, dan Roh Kudus." Dan 2 Korintus 13:14 menyatakan, "Semoga Tuhan Yesus Kristus memberikan berkat, dan Tuhan memberikan kasih, serta Roh Kudus menyertai kamu semuanya." Di sini kita boleh melihat orang yang dibaptiskan dan dirahmati dengan nama Tuhan Triniti.

Dengan cara ini, disebabkan Tuhan Bapa, Tuhan Anak dan Tuhan Roh Kudus berasal daripada satu sifat, satu hati dan satu minda, maka setiap peranan Mereka dalam pemupukan manusia dibezakan dengan cara yang teratur. Tuhan benar-benar membezakan tempoh Perjanjian Lama di mana Tuhan Bapa sendiri memimpin kaum-Nya; tempoh Perjanjian Baharu pula di mana Yesus datang ke dunia ini untuk menjadi Penyelamat kepada manusia dan tempoh hawa kurnia selepasnya, di mana Roh Kudus sebagai Pembantu menjalankan kerja-Nya sebagai paderi. Tuhan Triniti telah memenuhi kehendak-Nya dalam setiap tempoh tersebut.

Kisah Para Rasul 2:38 menyatakan, "Bertaubatlah dan biarlah masing-masing kamu dibaptis dalam nama Yesus Kristus supaya dosa-dosamu diampuni, sehingga kamu akan menerima Roh Kudus." Dan seperti yang tertulis dalam 2 Korintus 1:22, "Ia memberikan tanda kepada kita untuk menunjukkan bahawa kita adalah milik-Nya," jika kita menerima Yesus Kristus dan Roh Kudus, kita bukan setakat menerima hak untuk menjadi anak Tuhan (Yohanes 1:12), tetapi kita juga boleh menerima panduan Roh Kudus untuk membuang dosa dan hidup dalam Terang. Apabila jiwa kita makmur, segala perkara akan makmur dan kita menerima rahmat kesihatan rohani dan fizikal. Sebaik kita masuk ke Syurga, kita juga menikmati kehidupan abadi!

Jika Tuhan Bapa wujud sendiri, kita tidak boleh menerima penyelamatan secara menyeluruh. Kita memerlukan Yesus Kristus kerana kita hanya boleh memasuki kerajaan Tuhan setelah dibasuh daripada dosa kita. Jika kita mahu membuang dosa dan mencari imej Tuhan, kita memerlukan bantuan Roh Kudus. Disebabkan Tuhan Triniti iaitu Bapa, Anak dan Roh Kudus membantu kita, kita boleh menerima penyelamatan menyeluruh dan memuliakan Tuhan.

Senarai Istilah

Daging dan kerja daging

Istilah 'daging' daripada perspektif rohani ialah istilah umum yang merujuk kepada ketidakbenaran dalam hati kita yang terkeluar sebagai tindakan. Contohnya, rasa benci, iri hati, zina, bangga diri dan sebagainya, terkeluar menjadi tindakan tertentu seperti keganasan, penderaan, pembunuhan dll., secara kolektifnya digelar "daging" dan apabila setiap daripada dosa ini dikelaskan secara individu, ia digelar "kerja daging".

Hawa nafsu daging, nafsu mata, kebanggaan dunia

"Hawa nafsu daging" merujuk kepada sifat yang menyebabkan manusia berdosa mengikut hawa nafsu daging. Keinginan ini termasuklah rasa benci, marah, malas, zina, dll. Apabila sifat dosa ini timbul pada persekitaran tertentu yang menimbulkannya, hawa nafsu daging mula keluar. Misalnya, jika seseorang yang mempunyai sifat dosa dalam 'menghakimi dan mengutuk' orang lain, dia akan suka mendengar khabar angin dan gemar bergosip.

"Nafsu mata" merujuk kepada sifat dosa yang membuatkan seseorang menginginkan perkara daging apabila hati mereka dihasut dengan deria penglihatan dan pendengaran melalui mata dan telinga. Nafsu mata dirangsang apabila kita melihat dan mendengar perkara duniawi. Jika perkara ini tidak dibuang tetapi kita terus menerima dan memasukkannya, nafsu daging tercetus dan akhirnya, kita akan melakukan dosa.

"Kebanggan dunia" merujuk kepada sifat dosa pada manusia yang menjadikannya mahu menunjuk diri dengan berlagak atau bersikap riak sambil menikmati keindahan dunia ini. Jika seseorang mempunyai sifat dosa sebegini, dia akan sentiasa berusaha untuk memperoleh sesuatu daripada dunia ini untuk menunjuk-nunjuk.

Bab 3

Kerja-kerja Daging

> *"Sekarang perbuatan daging adalah bukti, iaitu: zina, cabul, kenajisan, hawa nafsu, penyembahan berhala, sihir, perseteruan, perselisihan, iri hati, ledakan kemarahan, cita-cita mementingkan diri sendiri, perselisihan, bidaah, dengki, pembunuhan, mabuk, berpesta, dan sebagainya; yang aku beritahu terlebih dahulu, sama seperti aku beritahu kamu pada masa yang lalu, bahawa mereka yang mengamalkan perkara-perkara itu tidak akan mendapat bahagian dalam Kerajaan Tuhan."*
> *(Galatia 5:19-21, NKJV)*

Malah orang Kristian yang telah beriman untuk waktu yang lama mungkin tidak biasa dengan istilah "kerja daging". Ini kerana dalam kebanyakan kes gereja tidak mengajar tentang dosa dengan kukuh. Walau bagaimanapun, dengan jelas seperti yang tertulis dalam Matius 7:21, "Tidak semua orang yang berkata kepada-Ku, 'Tuhan, Tuhan, akan memasuki kerajaan syurga, tetapi siapa yang melakukan kehendak Bapa-Ku yang berada di syurga akan memasukinya," kita perlu tahu dengan tepat apa kehendak Tuhan, dan kita perlu tahu tentang dosa-dosa yang dibenci Tuhan.

Tuhan bukan sahaja memanggil perbuatan salah yang boleh dilihat sebagai "dosa", tetapi Dia juga menganggap kebencian, iri hati, dengki, menghukum dan/atau mengutuk orang lain, ketakutan, hati yang berbohong, dan lain-lain sebagai dosa. Menurut Alkitab, "Apa yang bukan dari iman" (Roma 14:23), mengetahui perkara yang benar untuk dilakukan dan tidak melakukannya (Yakobus 4:17), tidak melakukan kebaikan yang ingin aku lakukan, dan sebaliknya mengamalkan kejahatan yang aku tidak mahu (Roma 7:19-20), perbuatan daging (Galatia 5:19-21), dan perkara daging (Roma 8:5) semua dipanggil sebagai "dosa".

Semua dosa ini membentuk dinding yang menghalang kita dan Tuhan, seperti yang tertulis dalam Yesaya 59:1-3, "Lihatlah tangan TUHAN tidaklah begitu pendek sehingga ia tidak boleh menyelamat; dan tidaklah telinga-Nya tidak tajam sehingga Dia tidak dapat mendengar. Tetapi yang merupakan pemisah antara kamu dan Tuhanmu ialah segala kejahatanmu, dan yang membuat Dia menyembunyikan diri terhadap kamu, sehingga Dia tidak mendengar, ialah segala dosamu. Kerana tanganmu tercemar dengan darah dan jari-jarimu dengan kejahatan; bibirmu telah berkata dusta, lidahmu menyebut kejahatan."

Oleh itu, apakah dinding-dinding dosa yang menghalang di antara kita dan Tuhan?

Perkara badaniah dan kerja badaniah

Biasanya, apabila merujuk kepada tubuh manusia, perkataan "badan" dan "daging" digunakan secara berganti. Walau bagaimanapun, definisi rohani "daging" adalah berbeza. Galatia 5:24 mengatakan, "Orang yang berasal dari Yesus Kristus telah menyalibkan daging dengan nafsu dan keinginannya." Ini tidak bermakna kita telah menyalibkan tubuh kita secara literal.

Kita perlu mengetahui maksud rohani perkataan "daging" untuk memahami makna ayat di atas. Tidak semua penggunaan kata "daging" mempunyai makna rohani. Kadang-kadang ia merujuk kepada tubuh manusia. Inilah sebabnya kita perlu mengetahui istilah ini dengan lebih jelas, jadi kita dapat melihat apabila perkataan itu digunakan dengan konotasi rohani atau pun tidak.

Pada mulanya, manusia diciptakan dengan roh, suatu jiwa, dan tubuh, dan dia tidak mempunyai dosa. Walau bagaimanapun, selepas melanggar perintah Tuhan, manusia menjadi orang berdosa. Oleh kerana upah dosa adalah kematian (Roma 6:23), roh yang merupakan tuan bagi seorang manusia lelaki telah mati. Dan tubuh manusia menjadi sia-sia, dengan berlalunya masa, akhirnya menjadi uzur, mereput, dan kembali ke debu. Dan manusia memegang dosa di dalam tubuhnya, dan dia melakukan dosa-dosa ini melalui tindakan. Di sinilah perkataan "daging" digunakan.

"Daging" sebagai istilah rohani mewakili gabungan sifat-sifat berdosa dan tubuh manusia yang mana kebenaran telah keluar. Oleh itu, ketika Alkitab merujuk kepada "daging", ia menandakan dosa yang belum muncul dalam tindakan, tetapi yang boleh tercetus pada saat tertentu. Ini termasuk pemikiran yang berdosa, dan semua jenis dosa lain di dalam tubuh kita. Dan apabila semua dosa ini dilabel secara kolektif, ia dipanggil "perkara daging".

Dalam erti kata lain, perbuatan membenci, riak, marah, menghukum, mengutuk, berzina, tamak, dan lain-lain secara kolektif disebut sebagai "daging", dan dosa-dosa ini secara individu disebut "perkara daging". Jadi selagi perkara daging ini kekal dalam hati seseorang, di bawah keadaan yang betul, ia boleh keluar secara terbuka pada masa tertentu sebagai tindakan berdosa. Sebagai contoh, jika seseorang mempunyai sifat yang menipu dalam hati, ia mungkin tidak begitu jelas dalam keadaan biasa, tetapi jika seseorang ditekan ke dalam keadaan yang buruk atau terdesak, dia boleh berbohong kepada orang lain melalui perkataan atau tindakan.

Dosa yang keluar seperti ini juga merupakan "daging", tetapi setiap dosa yang dilakukan dalam tindakan disebut sebagai "kerja daging". Sebagai contoh, jika anda mempunyai keinginan untuk memukul seseorang, 'keinginan jahat' ini dianggap sebagai "perkara daging". Dan jika anda benar-benar memukul seseorang, ini dianggap sebagai "perkara daging".

Jika anda melihat Kejadian 6:3, ia mengatakan, "Kemudian TUHAN berkata, 'Rohku tidak akan bersama dengan manusia selama-lamanya, kerana dia juga adalah daging.'" Tuhan menyatakan bahawa Dia tidak lagi berusaha dengan manusia selama-lamanya kerana manusia telah menjadi daging. Maka adakah ini bermakna bahawa Tuhan tidak ada bersama kita? Tidak. Oleh kerana kita telah menerima Yesus Kristus, menerima Roh Kudus, dan dilahirkan kembali sebagai anak-anak Tuhan, kita bukan lagi manusia daging.

Jika kita hidup mengikut Firman Tuhan dan mengikut bimbingan Roh Kudus, Roh akan melahirkan roh, dan kita akan berubah menjadi manusia roh. Tuhan, iaitu roh yang tinggal bersama mereka yang mengubah setiap hari menjadi roh manusia. Walau bagaimanapun, Tuhan tidak tinggal bersama orang yang mengatakan mereka percaya, tetapi masih terus berdosa dan melakukan kerja-kerja daging. Alkitab menunjukkan beberapa kali, orang seperti ini tidak boleh menerima keselamatan (Mazmur 92:7; Matius 7:21; Roma 6:23).

Kerja badaniah yang menghalang manusia daripada mewarisi kerajaan Tuhan

Selepas hidup di tengah-tengah dosa, kita menyedari bahawa kita adalah orang berdosa dan menerima Yesus Kristus, kita cuba untuk tidak melakukan kerja-kerja daging secara terang-terangan yang dilihat sebagai 'dosa'. Ya, Tuhan tidak puas dengan 'perkara daging', tetapi itu adalah 'kerja daging' dapat menghalang kita daripada mewarisi kerajaan Tuhan. Oleh itu, kita mesti berusaha lebih keras untuk tidak melakukan kerja daging.

1 Yohanes 3:4 mengatakan, "Setiap orang yang melakukan dosa juga melakukan perbuatan keji; dan dosa adalah pelanggaran." Di sini, "Setiap orang yang melakukan dosa" adalah orang yang melakukan perbuatan daging. Tambahan lagi, ketidakadilan adalah kejahatan; oleh itu, jika anda tidak beriman, walaupun anda mengatakan bahawa anda adalah orang yang beriman, Alkitab memberi amaran bahawa anda tidak akan menerima keselamatan.

1 Korintus 6:9-10 menyatakan, "Atau tidak tahukah kamu, bahawa orang-orang yang tidak adil tidak akan mendapat bagian dalam Kerajaan Tuhan? Janganlah sesat; sama ada orang cabul, penyembah berhala, berzina, mengubah jantina, homoseksual, pencuri, tamak, mabuk, menabur fitnah dan penipu tidak akan mendapat bahagian dalam Kerajaan Tuhan."

Matius bab 13 menjelaskan apa yang akan berlaku kepada orang-orang seperti ini pada akhir zaman: "Anak Manusia akan mengutus malaikat-malaikat-Nya, dan mereka akan mengumpulkan dari Kerajaan-Nya semua batu sandungan, dan mereka yang melakukan kejahatan, dan akan melemparkan mereka ke dalam relau api; di tempat itu akan ada tangisan dan kertakan gigi" (vv. 41-42). Kenapa ini berlaku? Ini adalah kerana manusia ini tidak berusaha menjauhi dosa, dan menjalani kehidupan dengan kejahatan dunia. Jadi di mata Tuhan, mereka bukan 'gandum', tetapi 'sekam'.

Jadi, yang paling penting ialah kita mengetahui jenis dinding dosa yang kita bina di antara kita dan Tuhan, kemudian kita perlu memecahkan tembok itu. Selepas kita menyelesaikan masalah dosa ini, barulah kita boleh diakui oleh Tuhan sebagai orang yang beriman, dan kita boleh membesar dan matang sebagai 'gandum'. Dan inilah saat kita dapat menerima jawapan kepada doa kita dan mengalami penyembuhan serta keberkatan.

Bukti kerja badaniah

Oleh kerana kerja daging keluar sebagai perbuatan, kita dapat melihat dengan jelas imej kejahatan yang dilakukan. Kerja-kerja daging yang paling jelas adalah tidak bermoral, kecemaran and keghairahan. Dosa ini adalah dosa seksual, dan mereka yang melakukan dosa-dosa jenis ini tidak dapat menerima keselamatan. Oleh itu, sesiapa yang melakukan dosa-dosa ini mesti bertaubat dengan cepat dan menjauhinya.

1) Tidak bermoral, kecemaran, keghairahan

Pertama sekali, 'tidak bermoral' di sini merujuk kepada perbuatan seksual tidak bermoral. Ia berlaku apabila lelaki dan wanita yang belum berkahwin mempunyai hubungan seks antara satu sama lain. Pada zaman ini, hubungan seks sebelum perkahwinan menjadi kebiasaan kerana masyarakat kita penuh dengan dosa. Walau bagaimanapun, jika dua orang yang akan berkahwin dan mereka saling mencintai, ini masih dianggap bertindak secara salah. Pada masa kini, orang ramai tidak merasa malu. Mereka tidak menganggap tindakan itu sebagai satu dosa. Ini kerana melalui drama atau filem, masyarakat menjadi cerita tentang hal ehwal dan hubungan yang menyalahi undang-undang menyimpang dari kebenaran menjadi 'cerita cinta yang indah'. Apabila orang menonton dan terlibat dalam jenis drama dan filem ini, kesedaran mereka tentang dosa-dosa semakin terpadam, dan sedikit demi sedikit, orang menjadi tidak sensitif dengan dosa.

Implikasi seksual tidak dapat diterima walaupun dari segi etika atau moral. Jadi, betapa teruknya ia di mata Tuhan yang kudus? Jika dua orang saling mencintai satu sama lain, mereka harus melalui institusi perkahwinan, menerima pengakuan dari Tuhan dan ibu bapa serta saudara-mara mereka, kemudian meninggalkan ibu bapa mereka dan menjadi satu daging.

Kedua, tidak bermoral dari segi seksual berlaku apabila

seorang lelaki atau wanita yang sudah berkahwin tidak menjaga sumpah perkahwinan mereka. Ini berlaku ketika suami atau isteri mempunyai hubungan dengan orang lain. Walau bagaimanapun, selain daripada perzinaan yang berlaku dalam hubungan antara manusia, terdapat juga perzinaan rohani yang sering dilakukan orang. Inilah berlaku kita orang mengaku dirinya beriman, namun mereka menyembah berhala atau memohon bantuan orang psikik atau ahli sihir, atau bergantung dengan sihir hitam atau sumpahan. Inilah tindakan menyembah roh jahat dan syaitan.

Sekiranya anda melihat Bilangan bab 25, semasa anak-anak Israel tinggal di Sitim, rakyat tidak hanya melakukan perzinaan dengan perempuan Moab; mereka juga tunduk kepada tuhan-tuhan mereka. Akibatnya, kemurkaan Tuhan telah menimpa mereka, dan 24,000 orang mati akibat wabak dalam masa satu hari. Oleh itu, jika seseorang mengatakan bahawa dia percaya kepada Tuhan, namun bergantung kepada berhala dan iblis, ini adalah perbuatan zina dan perbuatan mengkhianati Tuhan.

Seterusnya, 'kecemaran' adalah apabila sifat dosa yang terlalu teruk dan menjadi kotor. Sebagai contoh, apabila hati yang berzina terlalu teruk, seorang perompak mungkin merogol ibu dan anak perempuan pada masa yang sama. Apabila cemburu menjadi terlalu teruk, ia juga boleh menjadi 'kecemaran'. Sebagai contoh, jika seseorang menjadi cemburu terhadap orang lain sehingga tahap melukis gambar orang itu dan melemparkan anak panah kepadanya, atau mencucuk gambar dengan jarum, tindakan yang tidak normal berpunca dari perasaan cemburu itu dan tindakan-tindakan ini adalah 'kekotoran'.

Sebelum seseorang mempercayai Tuhan, dia mungkin mempunyai sifat-sifat dosa seperti kebencian, hasad dengki, atau perzinaan. Oleh kerana dosa asal Adam, setiap manusia dilahirkan dengan tidak benar, yang merupakan akar setiap sifat manusia. Apabila sifat-sifat dosa dalam diri seseorang menyeberang batas tertentu dan melampaui batas-batas moral, etika serta menyebabkan kerosakan dan kesakitan kepada orang lain, kita mengatakan bahawa itu adalah 'tidak suci'.

'Keghairahan' mencari kesenangan dalam perkara-perkara sensual, seperti keinginan atau fantasi seksual, dan melakukan segala macam perbuatan yang tidak senonoh ketika mengikuti hawa nafsu ini. 'Keghairahan' berbeza dari 'perzinaan' di mana seseorang itu menjalani kehidupan seharian yang penuh dengan pemikiran, kata-kata, dan tindakan yang berzina. Sebagai contoh, mengawan dengan haiwan, atau mempunyai hubungan homoseksual – seorang wanita melakukan perbuatan tidak senonoh dengan wanita lain, atau lelaki dengan lelaki lain - atau menggunakan alat seks, dll merupakan tindakan jahat yang jatuh di bawah 'keghairahan'.

Dalam masyarakat hari ini, orang mengatakan homoseksual harus menerima penghormatan. Walau bagaimanapun, ini bertentangan dengan Tuhan dan terhadap kerasionalan (Roma 1:26-27). Tambahan pula, lelaki yang menganggap diri mereka sebagai wanita, atau wanita yang memikirkan diri mereka sebagai lelaki, atau transeksual, tidak dapat diterima oleh Tuhan (Ulangan 22:5). Ini bertentangan dengan perintah penciptaan Tuhan.

Apabila masyarakat mula rosak akibat dosa, perkara pertama yang menjadi tidak sesuai adalah moral dan etika masyarakat mengenai seks. Dari segi sejarah, apabila budaya seks masyarakat menjadi rosak, ia akan diikuti dengan penghakiman Tuhan. Sodom, Gomorrah dan Pompeii adalah contoh yang sangat baik. Apabila kita melihat bagaimana budaya seks masyarakat kita menjadi teruk di seluruh dunia – sehingga ia tidak dapat dipulihkan – kita dapat mengetahui bahawa Hari Penghakiman sudah dekat.

2) Penyembahan berhala, sihir, dan permusuhan

'Berhala' boleh dibahagikan kepada dua kategori utama. Yang

pertama adalah mencipta imej tuhan yang tidak berbentuk dengan membentuk beberapa bentuk fizikal untuknya, atau membuat beberapa jenis imej dan menjadikannya objek penyembahan. Orang mahu benda yang boleh dilihat dengan mata mereka, disentuh dengan tangan, dan dirasa dengan daging mereka. Itulah sebabnya orang menggunakan kayu, batu, keluli, emas, atau perak untuk mencipta imej manusia, haiwan, burung, atau ikan untuk menyembahnya. Atau mereka memberi nama, seperti dewa matahari, bulan, dan bintang, dan menyembahnya (Ulangan 4:16-19). Ini dipanggil 'penyembahan berhala'.

Dalam Keluaran bab 32, kita melihat ketika Musa naik ke Gunung Sinai untuk menerima Taurat dan tidak kembali dengan segera, orang Israel membuat anak lembu emas dan menyembahnya. Walaupun mereka melihat banyak tanda dan keajaiban, mereka masih tidak percaya, dan akhirnya, mereka mula menyembah berhala. Dengan melihat ini, kemurkaan Tuhan dijatuhkan kepada mereka, dan Tuhan mengatakan yang Dia akan memusnahkan mereka. Pada masa itu, kehidupan mereka telah terselamat kerana berkat doa Musa yang sungguh-sungguh. Namun akibat dari peristiwa ini, mereka yang berusia melebihi dua puluh tahun pada Keluaran tidak dapat masuk ke tanah Kanaan, dan mereka mati di padang pasir. Dari sini, kita dapat melihat Tuhan sangat membenci perbuatan membina berhala, menunduk atau menyembahnya.

Kedua, jika ada sesuatu yang kita cintai lebih daripada Tuhan, maka itu menjadi berhala. Kolose 3:5-6 berkata, "Oleh itu, pertimbangkanlah ahli-ahli badan duniawi anda mati kepada tidak bermoral, kekotoran, keghairahan, keinginan jahat, dan keserakahan, yang bererti penyembahan berhala. Kerana semuanya itu mendatangkan murka Tuhan atas orang-orang derhaka."

Sebagai contoh, jika seseorang mempunyai hasad dengki di dalam hati, dia mungkin menyukai harta benda lebih daripada

Tuhan dan dia tidak memelihara hari Tuhan untuk mengejar harta. Selain itu, jika seseorang cuba memuaskan ketamakan di dalam hatinya dengan menyayangi orang lain atau perkara-perkara lain melebihi Tuhan—seperti pasangannya, anak-anak, kemasyhuran, kuasa, pengetahuan, hiburan, televisyen, sukan, hobi—dan tidak suka untuk berdoa dan menjalani kehidupan rohani yang sungguh-sungguh, inilah perbuatan menyembah berhala.

Hanya kerana Tuhan memberitahu kita untuk tidak menyembah berhala, jika ada orang bertanya, "Jadi Tuhan hanya mahu kita menyembah dan mengasihi-Nya?" dan mereka fikir Tuhan mementingkan diri sendiri, mereka telah salah faham. Tuhan tidak memberitahu kita untuk mengasihi-Nya untuk menjadi diktator. Dia melakukan ini untuk membimbing kita menjalani kehidupan manusia yang berbaloi. Jika seseorang suka dan menyembah benda lain lebih daripada Tuhan, dia tidak dapat memenuhi kewajipannya sebagai manusia, dan dia tidak boleh membuang dosa dari hidupnya.

Seterusnya, kamus itu mentakrifkan 'sihir' sebagai "amalan atau mantera seseorang yang menjalankan kuasa ghaib atau penyihiran melalui bantuan roh jahat; ilmu hitam; sihir." Memohon bantuan dengan dukun, psikik, dan sebagainya, semuanya jatuh ke dalam kategori ini. Sesetengah orang pergi berjumpa dukun atau psikik untuk bertanya tentang anak mereka yang sedang bersiap untuk mengambil peperiksaan kemasukan kolej, atau untuk mengetahui sama ada tunang mereka adalah padanan yang betul. Atau terdapat masalah dalam rumah tangga, mereka cuba untuk mendapatkan azimat atau daya tarikan untuk nasib yang baik. Namun anak-anak Tuhan tidak boleh melakukan perkara-perkara seperti ini, kerana melakukan perkara-perkara ini akan membawa roh-roh jahat ke dalam hidup mereka dan kesengsaraan yang lebih besar akan berlaku.

'Penyihiran' dan 'mantera' adalah taktik untuk menipu orang lain, seperti merancang rancangan jahat untuk menipu seseorang, atau membuat mereka jatuh ke dalam perangkap. Dari perspektif rohani, 'sihir' adalah perbuatan menipu orang lain melalui penipuan yang licik. Itulah sebabnya kegelapan memerintah dalam semua bahagian masyarakat kita hari ini.

'Permusuhan' adalah perasaan kebencian atau pergaduhan terhadap seseorang dan ingin merosakkannya. Jika anda dengan teliti mempelajari hati orang yang mempunyai permusuhan dengan orang lain, anda dapat melihat bahawa mereka benar-benar menjauhkan diri dan membenci orang lain sama ada kerana mereka tidak menyukai orang itu atas sebab tertentu atau kerana emosi jahat mereka sendiri. Sekarang apabila emosi jahat ini melampaui batasan tertentu, ia boleh meletus menjadi tindakan yang mendatangkan bahaya kepada orang lain; seperti menimbulkan keraguan terhadap mereka, khabar angin dan memfitnah mereka, dan semua jenis perbuatan jahat yang jahat.

Dalam Samuel bab 16, kita melihat bahawa sebaik sahaja roh Tuhan meninggalkan Saul, roh-roh jahat datang untuk mengganggunya. Tetapi ketika Daud memainkan kecapi, Saul telah segar dan baik, roh-roh jahat itu telah meninggalkannya. Tambahan pula, Daud membunuh gergasi Filistin itu, Goliat, dengan anduh dan batu bata serta menyelamatkan bangsa Israel dari krisis, merisikokan nyawanya untuk setia kepada Saul. Walau bagaimanapun, Saul takut pemerintahannya akan diambil oleh Daud, dan dia menghabiskan masa yang lama mengejar Daud untuk membunuhnya. Akhirnya, Tuhan membuang Saul. Firman Tuhan memberitahu kita untuk mengasihi musuh. Oleh itu, kita tidak boleh bermusuhan dengan sesiapa pun.

3) Persengketaan, kecemburuan, kemarahan

'Persengketaan' berlaku apabila orang menetapkan keuntungan peribadi dan kuasa mereka sebagai keutamaan berbanding orang lain dan berjuang untuknya. Pertikaian biasanya bermula dengan ketamakan dan menyebabkan konflik yang menyebabkan perselisihan antara pemimpin negara, anggota parti politik, anggota keluarga, orang dalam gereja, dan dalam semua hubungan interpersonal yang lain.

Dalam sejarah Korea, kita mempunyai contoh perselisihan antara pemimpin kebangsaan. Dae Won Goon, bapa kepada maharaja terakhir Dinasti Chosun dan menantunya Maharani Myong Sung telah mempertikaikan kuasa politik terhadap satu sama lain dengan kuasa asing berbeza yang menyokong masing-masing. Ia berlangsung lebih dari sepuluh tahun. Ini menyebabkan kekacauan negara yang seterusnya menyebabkan pemberontakan dengan tentera dan revolusi petani. Banyak pemimpin politik terbunuh akibatnya, dan Maharani Myong Sung juga dibunuh oleh pembunuh Jepun. Pada akhirnya, Korea kehilangan kedaulatannya kepada orang Jepun disebabkan pertikaian antara pemimpin utama negara.

Perbalahan boleh juga berlaku antara suami dan isteri, atau ibu bapa dan anak. Sekiranya pasangan suami isteri mahu orang lain untuk mengikuti kehendak mereka, ini boleh menyebabkan persengketaan dan perpisahan. Terdapat juga kes di mana pasangan suami menyaman antara satu sama lain dan menjadi musuh sepanjang hayat. Sekiranya terdapat pertentangan di gereja, kerja Syaitan bermula dan menghalangi gereja dari berkembang, dan menghalang semua jabatan gereja daripada berfungsi dengan betul.

Seperti yang kita baca melalui Alkitab, kita sering melihat adegan-adegan di mana terdapat konflik dan pertengkaran. Dalam 2 Samuel 18:7, kita melihat bahawa anak lelaki Daud, Absalom, membawa pemberontakan terhadap Daud dan dua puluh ribu orang terbunuh, dalam masa satu hari. Begitu juga selepas kematian

Salomo, Israel terbahagi kepada kerajaan utara Israel dan kerajaan Yehuda selatan, dan selepas itu, persengketaan dan peperangan terus berlanjut. Khususnya di kerajaan utara Israel, takhta sentiasa terancam kerana pertengkaran. Oleh itu, selepas mengetahui bahawa pertengkaran membawa kepada kesakitan dan kemusnahan, saya harap anda sentiasa mencari manfaat dari orang lain dan membuat perdamaian.

Seterusnya, 'kecemburuan' berlaku apabila seseorang menjauhi dirinya daripada individu lain dan membenci mereka kerana dia berasa iri hati dan menganggap mereka lebih baik daripada dirinya. Apabila kecemburuan bertambah, ia boleh menjadi kemarahan yang penuh dengan kejahatan. Ini mungkin menyebabkan pertengkaran yang membawa kepada perselisihan.

Jika anda merujuk kepada Alkitab, dua isteri Yakub, Leah dan Rahel, cemburu antara satu sama lain, dengan Yakub di antara mereka (Kejadian bab 30). Raja Saul cemburu dengan Daud, yang diberikan lebih banyak kasih sayang dari rakyat melebihinya (1 Samuel 18:7-8). Kain cemburu terhadap abangnya, Abel, dan membunuhnya (Kejadian 4:1-8). Cemburu timbul dari kejahatan di hati seseorang yang menimbulkan perasaan untuk memuaskan ketamakannya.

Cara paling mudah untuk mengetahui jika anda telah cemburu adalah dengan melihat jika anda merasa tidak selesa ketika orang lain berkembang maju dan melakukannya dengan baik. Selain itu, anda mungkin mula membenci orang lain dan mahu mengambil hak mereka. Tambahan pula, jika anda pernah membandingkan diri anda dengan orang lain dan merasa kecewa, cemburu adalah punca masalah ini. Apabila orang itu mempunyai usia, iman, pengalaman, dan latar belakang atau persekitaran yang sama, ia sangat mudah untuk merasa cemburu terhadap orang itu. Sama seperti Tuhan memerintahkan kita untuk "mengasihi sesama kamu seperti diri sendiri", jika orang lain dipuji kerana mereka lebih baik daripada kita dalam sesuatu aspek, Tuhan mahu kita bersukacita dengan mereka. Dia mahu kita bersukacita seolah-olah kita menerima pujian itu untuk diri kita sendiri.

'Kemarahan' adalah ungkapan kemarahan yang melampaui rasa marah di dalam dan cuba untuk menahannya. Selalunya ia boleh menyebabkan perkara yang teruk berlaku. Sebagai contoh, mereka mudah marah apabila tidak setuju dengan pendapat atau pemikiran anda dan menggunakan keganasan dan membunuh. Dengan menunjukkan kekecewaan itu tidak akan menghalang keselamatan; walau bagaimanapun, jika anda mempunyai sifat kejam yang jahat, anda mungkin bertindak dengan keganasan. Oleh itu, anda mesti mengeluarkan kejahatan ini bersama akarnya dan membuangnya.

Ini adalah kes Raja Saul yang berasa cemburu terhadap Daud dan terus berusaha membunuh dia hanya kerana dia menerima pujian dari rakyat—pujian yang layak diberikan kepadanya! Terdapat beberapa tempat dalam Alkitab di mana Saul memperlihatkan kemarahannya. Dia pernah membaling tombak kepada Daud (1 Samuel 18:11). Oleh kerana bandar Nob membantu Daud dalam perjalanan, Saul menyerang bandar itu. Ia merupakan kota para paderi, dan Saul bukan sahaja membunuh lelaki, perempuan, kanak-kanak dan bayi; dia juga membunuh lembu, keldai dan kambing (1 Samuel 22:19). Sekiranya kita menjadi terlalu marah seperti ini, kita akan melakukan banyak dosa.

4) Pertikaian, perselisihan, perpecahan

'Perselisihan' menyebabkan orang berpisah. Sekiranya sesuatu tidak dipersetujui, mereka membentuk geng atau kumpulan. Ia tidak hanya merujuk kepada orang yang rapat, berkongsi sesuatu yang sama, atau bertemu dengan kerap. Ini adalah kumpulan yang buruk di mana anggotanya membuat khabar angin, mengkritik, menilai dan mengutuk. Kumpulan ini boleh dibentuk dalam keluarga, di kawasan kejiranan, dan di dalam gereja.

Sebagai contoh, jika seseorang tidak menyukai paderinya dan mula menyebar khabar angin dengan kumpulan yang mempunyai pendapat yang sama, maka ini adalah 'sinagoga Syaitan'. Oleh kerana orang-orang ini membenci para paderi dengan menghakimi dan mengutuk mereka, gereja itu tidak dapat mengalami kebangkitan.

'Perselisihan' mencipta puak dan memisahkan diri dari yang lain semasa mengikuti kehendak dan pemikirannya sendiri. Satu contoh ialah mewujudkan satu bahagian di dalam gereja. Inilah perbuatan yang bertentangan dengan kehendak Tuhan yang baik, kerana ia disebabkan oleh pendapat yang kuat bahawa pemikiran seseorang adalah satu-satunya cara pemikiran yang benar, dan segala-galanya harus disesuaikan untuk memenuhi keuntungan diri.

Anak lelaki Daud, Absalom mengkhianati dan memberontak bapanya (2 Samuel bab 15), kerana dia mengikuti ketamakannya. Semasa pemberontakan ini, banyak orang Israel, Ahitopel, penasihat Daud, memihak kepada Absalom dan mengkhianati Daud. Tuhan meninggalkan manusia seperti ini yang terlibat dalam kerja-kerja daging. Oleh itu, Absalom dan semua orang yang memihak kepadanya akhirnya dikalahkan dan berhadapan dengan penamat yang sengsara.

'Bidaah' adalah perbuatan orang yang menyangkal Tuhan, yang mempersetujuinya, membawa kehancuran secara cepat pada diri mereka (2 Petrus 2:1). Yesus Kristus menumpahkan darah-Nya untuk menyelamatkan kita semasa kita berada di tengah-tengah dosa; oleh itu tidak salah kita katakan bahawa Dia telah membelikan kita dengan darah-Nya. Oleh itu, jika kita mendakwa percaya kepada Tuhan tetapi menafikan Triniti Kudus, atau menafikan Yesus Kristus yang membebaskan kita dengan darah-Nya, maka kita membawa kemusnahan kepada diri kita sendiri.

Ada kalanya, tanpa mengetahui definisi bidaah yang sebenar, orang menuduh dan mengutuk orang lain sebagai bidaah kerana mereka sedikit berbeza. Walau bagaimanapun, ini merupakan perkara yang sangat berbahaya untuk dilakukan, dan ia boleh jatuh ke dalam kategori menghalang kerja Roh Kudus. Jika seseorang percaya kepada Triniti Tuhan—Bapa, Anak, dan Roh Kudus, dan tidak menyangkal Yesus Kristus, kita tidak boleh menuduh mereka sebagai bidaah.

5) Iri hati, pembunuhan, mabuk, berpesta

'Iri hati' adalah cemburu yang ditunjukkan sebagai tindakan. Kecemburuan adalah tidak mempersetujui atau tidak menyukai orang lain apabila keadaan menjadi baik, dan iri hati adalah satu langkah lebih jauh di mana ketidaksetujuan ini menimbulkan seseorang untuk melakukan tindakan yang mendatangkan bahaya kepada orang lain. Biasanya, iri hati paling kerap boleh ditemui di kalangan wanita, tetapi ia pasti dapat terjadi di kalangan lelaki; jika ini berlaku, ia boleh menyebabkan dosa besar seperti pembunuhan. Walaupun ia tidak sampai ke tahap pembunuhan, ia boleh pergi sejauh menakutkan atau mencederakan orang lain, atau tindakan jahat lain seperti berkomplot terhadap orang lain.

Seterusnya, terdapat 'mabuk'. Dalam Alkitab, ada kejadian selepas penghakiman banjir, di mana Noh minum wain, menjadi mabuk dan membuat kesalahan. Noh yang mabuk menyebabkan dia mengutuk anaknya yang kedua, yang membongkarkan kelemahannya . Efesus 5:18 mengatakan, "Dan jangan mabuk dengan wain, kerana itu berfoya-foya, tetapi dipenuhi dengan Roh." Ini bermakna mabuk adalah satu dosa.

Alkitab mempunyai rekod mengenai orang yang minum wain kerana Israel mempunyai banyak kawasan kering di padang gurun, dan air sangat sedikit. Oleh itu, minuman alternatif iaitu wain yang dibuat dari jus anggur yang tulen, dan buah-buahan lain yang tinggi dalam kepekatan manis dibenarkan (Ulangan 14:26). Walau bagaimanapun, rakyat Israel minum wain ini menggantikan air; tetapi ia tidak cukup untuk mabuk kerananya. Namun di negara kita sekarang, di mana air untuk minum sangat banyak, kita tidak perlu minum wain atau minuman beralkohol.

Di dalam Alkitab, kita dapat melihat bahawa Tuhan tidak mahu orang beriman meminum minuman keras seperti wain (Imamat 10:9; Roma 14:21). Amsal 31:4-6 berbunyi: "Ia bukan untuk raja-raja, O Lemuel, ia bukan untuk raja meminum wain, atau pemerintah menginginkan minuman yang kuat, kerana mereka akan minum dan menjadi lupa apa yang ditetapkan, dan menyimpang hak-hak semua orang yang tertindas. Berikan minuman yang kuat untuk orang yang dibinasakan, dan wain kepada mereka yang memiliki kehidupan yang susah."

Anda mungkin berkata "Bolehkah kita meminum sedikit, tetapi tidak cukup untuk menjadi mabuk?" Namun jika anda meminum sedikit, anda akan 'sedikit mabuk'. Anda masih mabuk jika anda meminum 'walaupun sedikit'. Apabila anda mabuk, anda hilang kawalan, jadi jika anda seorang yang tenang dan lembut, anda boleh menjadi ganas semasa mabuk. Ada juga orang yang mula bercakap dan bertindak kasar, atau melakukan masalah. Tambahan pula, kadang-kala orang melakukan pelbagai dosa kerana mabuk menyebabkan kekurangan kesedaran dan budi bicara. Kita dapat lihat dengan kerap orang yang ketagihan arak merosakkan kesihatan diri, mereka bukan sahaja membawa kesakitan kepada diri mereka, malah menjejaskan kehidupan orang yang mereka sayangi. Namun dalam banyak kes, walaupun mereka mengetahui bahaya meminum arak, mereka tidak dapat berhenti selepas meminumnya, dan mereka terus meminum arak dan menghancurkan diri mereka. Ini lah sebab 'mabuk' termasuk dalam senarai 'kerja daging'.

Beberapa perkara yang jatuh di bawah kategori "Berpesta". Sekiranya seseorang terlalu suka minum arak, bermain permainan, perjudian, dan sebagainya, dia tidak boleh menanggung tanggungjawabnya sebagai ketua rumah tangga, atau menjaga anak sebagai bapa, maka Tuhan menganggapnya ini sebagai 'berpesta'. Tambahan pula, tidak mempunyai kawalan diri dan mengejar keseronokan seksual dan menjalani gaya hidup yang tidak bermoral, atau menjalani apa jua cara yang anda mahukan termasuk dalam kategori 'berpesta'.

Satu lagi masalah dalam masyarakat hari ini ialah obsesi orang terhadap produk mewah dan jenama yang menyebabkan mereka terlibat dengan pesta. Orang ramai membeli beg berjenama, pakaian, kasut, dan lain-lain, mereka tidak mampu dan menggunakan kad kredit mereka, ini menyebabkan hutang yang besar. Sesetengah orang melakukan jenayah atau membunuh diri kerana tidak dapat membayar hutang tersebut. Orang yang tidak dapat mengawal diri atas ketamakannya, mengejar pesta, dan kemudian perlu menghadapi akibatnya.

6) Dan sewaktu dengannya…

Tuhan memberitahu kita bahawa terdapat banyak kerja daging yang lain dari selain yang telah disebutkan. Walau bagaimanapun, jika kita berfikir, 'Bagaimanakah saya dapat menghapuskan semua dosa ini?' kita tidak sepatutnya berputus asa pada permulaannya. Walaupun anda mempunyai banyak dosa, jika anda berusaha dengan kuat di hati, anda pasti dapat menyingkirkan dosa-dosa itu. Semasa anda cuba untuk tidak melakukan kerja daging, jika anda bekerja keras untuk melakukan perbuatan baik, berdoa secara berterusan, anda akan menerima rahmat Tuhan dan memperoleh kuasa untuk berubah. Ini mungkin mustahil dengan kuasa manusia; tetapi tiada apa yang mustahil dengan kuasa Tuhan (Markus 10:27).

Apa yang terjadi jika kamu hidup seperti orang duniawi bergelumang dengan dosa dan berpesta walaupun kamu telah mendengar dan mengetahui bahawa kamu tidak dapat mewarisi kerajaan Tuhan jika kamu terus melakukan perbuatan daging? Jadi anda adalah seorang manusia daging, iaitu 'sekam,' dan anda tidak dapat menerima keselamatan. 1 Korintus 15:50 mengatakan, "Sekarang saya katakan ini, saudara-saudara, bahawa daging dan darah tidak mendapat bahagian dalam Kerajaan Tuhan; yang binasa tidak mendapat bahagian yang tidak binasa." Tambahan pula, 1 Yohanes 3:8 mengatakan, "Sesiapa yang melakukan dosa adalah syaitan; kerana syaitan telah melakukan dosa sejak permulaan lagi"

Kita harus ingat jika kita melakukan kerja-kerja daging dan dinding dosa di antara Tuhan dan kita terus menebal, kita tidak dapat bertemu dengan Tuhan, menerima jawapan kepada doa kita, atau mewarisi kerajaan Tuhan iaitu Syurga.

Bagaimanapun, jika anda menerima Yesus Kristus dan menerima Roh Kudus, itu tidak bermakna anda dapat memotong semua perbuatan daging. Namun, dengan bantuan Roh Kudus, anda perlu berusaha menjalani kehidupan kekudusan, dan berdoa dengan api Roh Kudus. Kemudian anda boleh membuang kerja-kerja daging satu demi satu. Walaupun anda masih tidak dapat membuang beberapa kerja daging, jika anda berusaha sebaik yang mungkin, Tuhan tidak akan memanggil anda seorang manusia daging, tetapi Dia akan memanggil anda anak-Nya yang benar oleh iman dan Dia akan memimpin anda ke jalan keselamatan.

Tetapi ini tidak bermakna anda harus kekal pada tahap yang masih melakukan perbuatan daging. Anda bukan sahaja perlu membuang kerja-kerja daging yang boleh dilihat secara luaran, tetapi anda juga harus menghilangkan perkara-perkara daging yang tidak dapat dilihat. Dalam zaman Perjanjian Lama, manusia sukar untuk membuang benda-benda daging kerana Roh Kudus belum datang dan mereka harus melakukannya dengan kekuatan mereka sendiri. Sekarang dalam zaman Perjanjian Baru, kita dapat membuang segala sesuatu dari daging dengan bantuan Roh Kudus dan dikuduskan.

Ini kerana Yesus Kristus telah mengampunkan semua dosa kita dengan menumpahkan darah-Nya di salib dan menghantar Roh Kudus, Pembantu untuk kita. Oleh itu, saya berdoa agar anda akan menerima pertolongan Roh Kudus, melenyapkan semua perbuatan daging dan perkara daging serta diiktiraf sebagai anak Tuhan yang sebenar.

Bab 4

"Oleh itu Hasilkan Buah dengan Sentiasa Bertaubat"

"Orang banyak yang berasal dari Yerusalem, seluruh Yudea, dan daerah sekitar Sungai Yordan datang kepadanya. Ia membaptis mereka di Sungai Yordan setelah mereka mengaku dosanya. Banyak orang Farisi dan Saduki datang ke tempat Yohanes membaptis. Ketika Yohanes melihat mereka, ia mengatakan, "Kamu keturunan ular. Siapa yang menyuruh kamu melarikan diri dari hukuman Tuhan yang akan datang? Jadi hasilkanlah buah yang sesuai dengan taubat; dan janganlah mengira bahawa dengan mengatakan, "Abraham adalah bapa kami"; akan menolong kamu. Aku berkata kepadamu bahawa Tuhan dapat membuat batu-batu ini menjadi anak bagi Abraham. Kapak sudah ada pada akar pohon. Setiap pohon yang tidak menghasilkan buah yang baik akan ditebang dan dibuang ke dalam api.'"
(Matius 3:5-10)

Yohanes merupakan hawari yang dilahirkan sebelum Yesus dan 'dia menuju terus kepada Yesus'. Yohanes tahu apa tujuan hidupnya. Jadi apabila tiba masanya, dia dengan tekun menyebarkan khabar tentang Yesus, iaitu Al-Masih yang akan tiba. Pada masa itu, orang Yahudi sedang menunggu Al-Masih yang akan menyelamatkan bangsa mereka. Kerana itulah Yohanes berteriak di padang gurun Yudea, "Bertaubatlah kerana Kerajaan Tuhan sudah dekat!" (Matius 3:2) Dan bagi orang yang bertaubat daripada dosa, dia membaptiskan mereka dengan air dan memimpin mereka untuk menerima Yesus sebagai Penyelamat mereka.

Matius 3:11-12 menyatakan, "Aku membaptis kamu dengan air menunjukkan bahawa kamu telah bertaubat. Kemudian datang Orang yang lebih besar daripadaku. Aku pun tidak layak membuka sandal-Nya. Ia akan membaptis kamu dengan Roh Kudus dan api. Alat penampi sudah di tanganNya. Dia akan membersihkan tempat pengirikanNya dan mengumpulkan gandumNya ke dalam lumbung, tetapi debu jerami itu akan dibakarNya dalam api yang tidak terpadamkan." Yohanes sebelum ini memberitahu orang ramai bahawa Yesus, Anak Tuhan yang datang ke dunia, ialah Penyelamat kita dan akan menjadi Hakim kita yang mutlak.

Apabila Yohanes melihat ramai orang Farisi dan Saduki datang untuk dibaptiskan, dia menggelar mereka "sekumpulan ular kapak" dan memarahi mereka. Dia melakukan hal ini kerana melainkan mereka benar-benar memiliki buah taubat, mereka tidak akan menerima penyelamatan. Jadi, mari kita lihat kemarahan Yohanes dengan lebih teliti untuk melihat dengan sebenar apakah jenis buah yang kita perlu ada untuk menerima penyelamatan.

Kamu sekumpulan ular kapak

Farisi dan Saduki adalah cabang daripada agama Yahudi. Orang Farisi menganggap diri mereka sebagai orang yang 'istimewa dan terpilih'. Mereka percaya dengan kebangkitan kebenaran dan penghakiman orang yang jahat; mereka berpegang teguh kepada Hukum Musa dan tradisi orang-orang lama. Oleh itu, mereka mempunyai status yang tinggi dalam masyarakat.

Sebaliknya, orang Saduki adalah paderi berketurunan raja yang hanya fokus kepada rumah ibadat, jadi pandangan dan adat resam mereka berbeza daripada orang Farisi. Mereka menyokong situasi politik di bawah pemerintahan kerajaan Rom dan mereka enggan percaya dengan kebangkitan semula, sifat abadi jiwa, malaikat dan makhluk rohani. Bagi mereka, kerajaan Tuhan adalah sesuatu yang bersifat sementara.

Dalam Matius 3:7, Yohanes sang Pembaptis menghampiri orang Farisi dan orang Saduki dengan berkata, "Kamu keturunan ular. Siapa yang menyuruh kamu melarikan diri dari hukuman Tuhan yang akan datang?" Anda fikir, mengapakah Yohanes menggelar mereka "sekumpulan ular kapak" walaupun mereka menganggap diri sebagai orang yang beriman kepada Tuhan?

Orang Farisi dan Saduki mengaku bahawa mereka percaya kepada Tuhan dan mereka mengajarkan Hukum. Namun demikian, mereka tidak mengakui Anak Tuhan, Yesus. Kerana itulah Matius 16:1-4 menyatakan, "Orang Farisi dan Saduki datang kepada Yesus untuk menguji-Nya. Mereka meminta agar Ia menunjukkan suatu mukjizat untuk membuktikan, bahwa Ia berasal dari Tuhan. Jawab Yesus, 'Dengan melihat matahari terbenam, kamu dapat mengetahui keadaan cuaca. Jika langit berwarna merah, kamu berkata cuaca akan baik." Dan pada pagi hari, "Jika langit merah dan gelap, kamu berkata hari akan hujan. " Kamu melihat tanda-tanda itu di langit dan kamu mengetahui ertinya, tetapi kamu tidak mengenal zaman, di mana kamu hidup? Orang yang jahat dan berdosa mahu melihat mukjizat, tetapi tidak ada mukjizat yang akan diberikan sebagai bukti kepada mereka. Satu-satunya bukti yang diberikan hanyalah mukjizat yang terjadi pada Yunus.' Kemudian Dia pergi meninggalkan mereka."

Selain itu, Matius 9:32-34 menyatakan, "Setelah kedua orang itu pergi, beberapa orang datang kepada-Nya membawa seorang bisu yang dirasuk roh jahat. Ia mengusir roh jahat itu dari dia. Setelah Ia melakukan hal itu, orang bisu itu dapat berkata-kata. Orang banyak yang ada di sana hairan dan berkata, 'Kami tidak pernah melihat kejadian seperti itu di Israel.' Orang Farisi mengatakan, 'Ia mengusir roh-roh jahat dengan kuasa pemimpin roh-roh jahat.'" Seseorang yang baik akan bergembira dan mengagungkan Tuhan, memandangkan Yesus berjaya menghalau syaitan. Namun orang Farisi lebih rela membenci Yesus dan menghakimi serta mengutuk-Nya, serta menyatakan yang Dia melakukan kerja-kerja syaitan.

Dalam Matius Bab 12, kita dapati ada satu senario yang mana ada orang cuba mencari alasan untuk menuduh Yesus, dengan bertanya kepada-Nya sama ada boleh atau tidak seseorang disembuhkan pada hari Sabat. Yesus yang mengetahui hati mereka memberikan perumpamaan biri-biri yang jatuh ke dalam lubang pada hari Sabat, untuk mengajarkan mereka adalah baik untuk melakukan kerja yang baik pada hari Sabat. Dia kemudiannya menyembuhkan seorang lelaki yang tangannya sudah tidak boleh digunakan lagi. Namun demikian, mereka tidak belajar daripada kejadian ini dan sebaliknya mereka membuat rancangan untuk mengenakan Yesus. Mereka cemburu kerana Yesus dapat melakukan hal yang mereka tidak dapat lakukan.

1 Yohanes 3:9-10 menyatakan, "Setiap orang yang telah menjadi anak Tuhan, tidak berbuat dosa lagi, sebab hidup baru yang diberikan Tuhan kepadanya, ada di dalam dia. Ia tidak dapat terus berbuat dosa sebab ia telah menjadi anak Tuhan. Jadi, kita dapat melihat siapa anak Tuhan dan siapa anak iblis. Orang yang tidak melakukan kebenaran, bukanlah anak Tuhan. Dan orang yang tidak mengasihi saudaranya seiman, bukanlah anak Tuhan." Ini bermakna, orang yang melakukan dosa tidak datang daripada Tuhan.

Orang Farisi dan Saduki mengaku bahawa mereka percaya kepada Tuhan, namun mereka dipenuhi kejahatan. Mereka melakukan dosa jasmani, seperti cemburu, benci, sombong dan menghakimi serta mengutuk. Mereka juga melakukan dosa badaniah yang lain. Mereka hanya mematuhi peraturan dan formaliti Hukum serta menginginkan pujian duniawi. Mereka berada di bawah pengaruh syaitan, ular yang licik (Wahyu 12:9); jadi apabila Yohanes Pembaptis mengelar mereka 'sekumpulan ular kapak', inilah yang dia maksudkan.

Hasilkan buah dengan sentiasa bertaubat

Jika kita adalah anak Tuhan, kita sepatutnya berada dalam cahaya kerana Tuhan adalah Cahaya (1 Yohanes 1:5). Jika kita berada dalam kegelapan, yang bertentangan dengan Cahaya, kita bukanlah anak Tuhan. Jika kita tidak bertindak dalam kebenaran, yang merupakan Firman Tuhan, atau jika kita tidak mengasihi saudara kita dalam keimanan, jadi kita bukanlah datang daripada Tuhan (1 Yohanes 3:10). Manusia seperti ini tidak akan menerima jawapan kepada doa mereka. Mereka tidak boleh menerima penyelamatan apatah lagi mengalami kerja Tuhan.

Yohanes 8:44 menyatakan, "Bapamu adalah iblis. Kamu mahu melakukan kemahuan bapamu. Iblis adalah pembunuh sejak semula, yang selalu menentang kebenaran. Di dalam dirinya tidak ada kebenaran. Dia suka akan dusta yang dikatakannya. Dia memang pendusta dan bapa dari segala dusta."

Disebabkan keingkaran Adam, semua manusia dilahirkan sebagai anak syaitan, yang merupakan pemerintah kegelapan. Hanya orang yang menerima keampunan dengan beriman kepada Yesus Kristus akan dilahirkan semula sebagai anak Tuhan. Namun demikian, jika anda mengakui beriman kepada Yesus Kristus namun dalam hati masih penuh dengan dosa dan kejahatan, anda tidak dianggap sebagai anak Tuhan yang sejati.

Jika kita mahu menjadi anak Tuhan dan menerima penyelamatan, kita perlu dengan segera bertaubat daripada semua dosa badaniah dan perkara badaniah serta memiliki buah taubat, dengan bertindak menurut keinginan Roh Kudus.

Jangan menentang Ibrahim bapamu

Setelah mengisytiharkan orang Farisi dan orang Saduki untuk menghasilkan buah dengan sentiasa bertaubat, Yohanes sang Pembaptis terus berkata, "Setiap orang yang telah menjadi anak Tuhan, tidak berbuat dosa lagi, sebab hidup baru yang diberikan Tuhan kepadanya, ada di dalam dia. Ia tidak dapat terus berbuat dosa sebab ia telah menjadi anak Tuhan'" (Matius 3:9).

Namun, apakah sebenarnya makna rohaniah ayat ini? Keturunan Abraham mestilah menyerupai Abraham. Namun, tidak seperti Abraham, iaitu bapa keimanan dan seorang lelaki yang benar, orang Farisi dan Saduki mempunyai hati yang penuh dengan kejahatan dan ketidakadilan. Semasa melakukan tindakan yang jahat dan mematuhi syaitan, mereka masih menganggap diri sebagai anak Tuhan. Itu sebabnya Yohanes memarahi mereka melalui perbandingan dengan Abraham. Tuhan melihat ke dalam hati manusia dan bukannya melali peratakan luaran (1 Samuel 16:7).

Roma 9:6-8 menyatakan, "Aku tidak bermaksud mengatakan bahawa Tuhan telah gagal menepati janji-Nya kepada orang Yahudi. Tetapi hanya sedikit orang Israel yang sungguh-sungguh umat Tuhan; Dan hanya sedikit dari keturunan Abraham yang sungguh-sungguh anak Abraham. Tuhan berkata kepada Abraham: '"HANYA ISHAKLAH ANAKMU YANG SAH.' Hal itu bererti bahwa tidak semua keturunan Abraham anak Tuhan yang sesungguhnya. Anak-anak Abraham yang sesungguhnya adalah orang yang menjadi anak-anak Tuhan kerana janji yang telah dibuat Tuhan kepada Abraham."

Abraham mempunyai ramai anak lelaki; namun demikian, hanya keturunan Ishak yang menjadi keturunan sebenar Abraham – iaitu keturunan yang dijanjikan. Orang Farisi dan Saduki berketurunan darah Israel, tetapi tidak seperti Abraham, mereka tidak menjaga Firman Tuhan. Jadi secara rohaninya, mereka tidak boleh diakui sebagai anak-anak Abraham.

Dengan cara yang sama, walaupun seseorang menerima Yesus Kristus dan menghadiri gereja, ini tidak bermakna mereka secara automatik akan menjadi anak Tuhan. Anak Tuhan merujuk kepada seseorang yang menerima penyelamatan melalui keimanan. Selain itu, mempunyai keimanan bukan hanya bermakna mendengar Firman Tuhan. Ini bermakna menjadikannya satu tindakan. Jika kita mengakui dengan lidah bahawa kita anak Tuhan, namun di dalam hati dipenuhi ketidakbenaran yang dibenci Tuhan, kita tidak layak menggelar diri sebagai anak Tuhan.

Jika Tuhan mahukan anak yang berkelakuan jahat seperti orang Farisi dan Saduki, Dia akan memilih batu yang tidak bernyawa yang bergulir di atas tanah sebagai anak-Nya. Tetapi ini bukanlah kehendak Tuhan.

Dia mahukan anak-anak sejati dengan mana Dia dapat berkongsi kasih sayang. Dia mahukan anak-anak seperti Abraham, yang mengasihi Tuhan dan mematuhi firman-Nya sepenuhnya serta bertindak atas dasar kasih sayang serta kebaikan sepanjang masa. Ini kerana orang yang tidak menyingkirkan kejahatan dari dalam hati mereka tidak dapat memberikan kegembiraan sejati kepada Tuhan. Jika kita hidup seperti orang Farisi dan Saduki, mengikuti kehendak kejahatan syaitan dan bukannya kehendak Tuhan, Dia tidak perlulah bersusah-payah mencipta dan memupuk manusia. Lebih baik Tuhan ambil batu dan menjadikannya keturunan Abraham!

"Setiap pokok yang tidak menghasilkan buah yang baik akan ditebang dan dilemparkan ke dalam api"

Yohanes Pembaptis berkata kepada orang Farisi dan Saduki, "Kapak sudah ada pada akar pohon. Setiap pohon yang tidak menghasilkan buah yang baik akan ditebang dan dibuang ke dalam api" (Matius 3:10). Apa yang dimaksudkan oleh Yohanes di sini adalah, disebabkan Firman Tuhan telah disebutkan, semua orang akan dihakimi berdasarkan tindakannya sendiri. Oleh itu, mana-mana pokok yang tidak menghasilkan buah yang baik—seperti orang Farisi dan Saduki—akan dilemparkan ke dalam api Neraka.

Dalam Matius 7:17-21, Yesus berkata, "Demikianlah setiap pohon yang baik menghasilkan buah yang baik, sedang pohon yang tidak baik menghasilkan buah yang tidak baik. Tidak mungkin pohon yang baik itu menghasilkan buah yang tidak baik, ataupun pohon yang tidak baik itu menghasilkan buah yang baik. Setiap pokok yang tidak menghasilkan buah yang baik akan ditebang dan dilemparkan ke dalam api. Jadi dari buahnyalah kamu akan mengenal mereka. Bukan setiap orang yang berseru kepadaKu, Tuhan, Tuhan! akan masuk ke dalam Kerajaan Syurga, melainkan dia yang melakukan kehendak BapaKu yang di syurga."

Yesus juga berkata dalam Yohanes 15:5-6, "Akulah pokok anggur dan kamulah ranting-rantingnya; barang siapa tinggal di dalam Aku dan Aku di dalam dia, dia berbuah banyak, sebab di luar Aku kamu tidak dapat berbuat apa-apa. Barang siapa tidak tinggal di dalam Aku, dia dibuang ke luar seperti ranting dan menjadi kering, kemudian dikumpulkan orang dan dicampakkan ke dalam api lalu dibakar." Ini bermakna anak Tuhan yang berkelakuan mengikut kehendak-Nya dan menghasilkan buah yang cantik akan masuk ke Syurga, sebaliknya orang yang tidak melakukan hal ini adalah anak syaitan dan akan dihumbankan ke dalam api Neraka.

Apabila Alkitab bercakap tentang Neraka, selalunya perkataan 'api' akan digunakan. Wahyu 21:8 menyatakan, "Tetapi orang-orang penakut, orang-orang yang tidak percaya, orang-orang keji, orang-orang pembunuh, orang-orang sundal, tukang-tukang sihir, penyembah-penyembah berhala dan semua pendusta, mereka akan mendapat bagian mereka di dalam lautan yang menyala-nyala oleh api dan belerang; inilah kematian yang kedua." Kematian pertama berlaku apabila kehidupan seseorang berakhir, dan kematian kedua berlaku apabila jiwa, atau tuan bagi diri seseorang, menerima penghakiman dan dimasukkan ke api abadi dalam neraka yang tidak pernah padam.

Di dalam neraka terdapat tasik api dan tasik sulfur yang terbakar, atau 'batu belerang'. Orang yang tidak percaya kepada Tuhan dan orang yang mengaku percaya kepada Tuhan tetapi mengamalkan ketidakbenaran dan tidak menghasilkan buah taubat tiada hak untuk mempunyai kaitan dengan Tuhan; oleh itu mereka akan masuk ke tasik api dalam Neraka. Bagi orang yang melakukan kejahatan yang tidak dapat diterima akal manusia, atau menentang Tuhan dengan cara yang serius, atau mengaku sebagai nabi palsu dan menyebabkan ramai manusia masuk ke Neraka, akan dihumban ke dalam tasik sulfur yang membakar, yang tujuh kali lebih panas daripada tasik api (Wahyu 19:20).

Sesetengah orang menyatakan bahawa apabila kita menerima Roh Kudus dan nama kita dicatatkan dalam Buku Kehidupan, kita akan diselamatkan tidak kira apa yang berlaku. Namun, hal ini tidak benar. Wahyu 3:1 menyatakan, "Aku tahu segala pekerjaanmu, engkau dikatakan hidup, padahal engkau mati." Wahyu 3:5 menyatakan, "Barang siapa menang, ia akan dikenakan pakaian putih yang demikian; Aku tidak akan menghapus namanya dari kitab kehidupan melainkan Aku akan mengaku namanya di hadapan Bapa-Ku dan di hadapan para malaikat-Nya." "Engkau dikatakan hidup, padahal engkau mati" merujuk kepada orang yang menerima Yesus Kristus dan namanya telah dicatatkan dalam Buku Kehidupan. Namun, ayat ini menunjukkan, walau apapun, jika seseorang melakukan dosa dan menuju jalan kematian, namanya akan dipadamkan daripada buku.

Dalam Keluaran 32:32-33, kita lihat suatu kejadian di mana

Tuhan berasa marah dengan orang Israel dan hampir-hampir memusnahkan mereka kerana mereka menyembah berhala. Pada masa ini, Musa masuk campur bagi pihak bani Israel dengan meminta Tuhan supaya mengampunkan mereka – walaupun ini bermakna memadamkan namanya sendiri daripada Buku Kehidupan. Demikianlah, Tuhan berfirman, "Siapa yang berdosa kepada-Ku, nama orang itulah yang akan Kuhapuskan dari dalam kitab-Ku" (Keluaran 32:33). Ini bermakna, walaupun nama anda telah dicatatkan dalam buku, ia boleh dipadamkan jika anda berpaling daripada Tuhan.

Sebenarnya terdapat banyak ayat dalam Alkitab yang bercakap tentang mengasingkan gandum daripada jerami dalam kalangan penganut. Matius 3:12 menyatakan, "Alat penampi sudah ditangan-Nya. Dia akan membersihkan tempat pengirikan-Nya dan Dia akan mengumpulkan gandum-Nya ke dalam lumbung, tetapi debu jerami itu akan dibakar-Nya dalam api yang tidak terpadamkan." Matius 13:49-50 juga menyatakan, "Demikianlah juga pada akhir zaman; malaikat-malaikat akan datang dan memisahkan orang jahat dari orang benar dan mencampakkan orang jahat ke dalam dapur api; di sanalah akan terdapat ratapan dan kertakan gigi."

Di sini, "orang yang benar" merujuk kepada orang beriman dan "orang jahat dari orang benar" merujuk kepada orang yang mengakui beriman tetapi hanya seperti jerami, iaitu, mereka mempunyai keimanan tanpa amalan. Orang sebegini akan dihumbankan ke dalam api Neraka.

Buah yang dihasilkan dengan sentiasa taubat

Yohanes Pembaptis menggesa manusia untuk bukan hanya bertaubat, tetapi pada masa yang sama menghasilkan buah yang selari dengan taubat. Jadi, apakah buah yang selari dengan taubat? Ini adalah buah cahaya, buah Roh Kudus dan buah kasih sayang,

yang merupakan buah indah kebenaran.

Kita boleh membaca tentang hal ini dalam Galatia 5:22-23, "Tetapi buah Roh adalah kasih sayang, sukacita, damai, kesabaran, kemurahan, kebaikan,kesetiaan, kelembutan, penguasaan diri; tiada ada hukum yang menentang hal-hal itu." Dan Efesus 5:9 menyatakan, "Kerana buah Cahaya merangkumi di dalamnya kemurahan, sifat benar dan kebenaran..." Dalam semua ini, cuba lihat kepada sembilan buah Roh Kudus, yang merupakan contoh bagi 'buah yang baik' ini.

Buah yang pertama adalah kasih sayang. 1 Korintus bab 13 memberitahu kita tentang makna kasih sayang sebenar dan menyatakan "ia [kasih sayang] adalah sabar, baik dan tidak cemburu, ia tidak berlagak, ia tidak sombong, ia tidak berkelakuan tidak baik, dsb" (ayat 4-5). Dalam erti kata lain, kasih sayang sebenar adalah kasih sayang rohani. Selain itu, jenis kasih sayang ini adalah kasih sayang pengorbanan dengan mana seseorang mampu mengorbankan nyawanya demi kerajaan Tuhan dan kebenaran Tuhan. Kita dapat mencapai kasih sayang jenis ini sebanyak mana kita menyingkirkan dosa, kejahatan dan ketidakaturan serta menjadi suci.

Buah yang kedua adalah kegembiraan. Orang yang mempunyai buah kegembiraan dapat berasa gembira bukan hanya ketika semua perkara berjalan lancar, tetapi mereka berasa sukacita dalam semua keadaan dan situasi. Mereka sentiasa berasa gembira dengan penuh harapan untuk mendapat Syurga. Oleh itu, mereka tidak risau; tidak kira apa sahaja masalah yang timbul, mereka akan berdoa dengan penuh keimanan, jadi mereka menerima jawapan bagi doa. Disebabkan mereka percaya bahawa Tuhan yang maha berkuasa ialah Bapa, mereka sentiasa gembira, berdosa secara berterusan dan mengucapkan syukur dalam semua keadaan.

Buah yang ketiga adalah keamanan. Seseorang yang memiliki buah ini mempunyai hati yang tidak bersengketa dengan sesiapa pun. Disebabkan orang sebegini tidak mempunyai kebencian, kecenderungan untuk bergaduh atau bertengkar, tidak mengutamakan diri, tidak mementingkan diri, berkorban demi orang lain dan melayan orang lain dengan kebaikan. Hasilnya, mereka dapat berada dalam keamanan sepanjang masa.

Buah yang keempat adalah kesabaran. Memiliki buah ini bermakna mempunyai kesabaran dalam kebenaran melalui sikap memahami dan memaafkan. Ini tidak bermakna "nampak" sabar sahaja, dengan menyimpan kemarahan yang membara dalam hati. Ini bermakna menyingkirkan semua kejahatan seperti kemarahan dan perasaan berang serta memenuhi hati dengan kebaikan dan kebenaran. Ini bermakna mampu memahami semua jenis manusia dan menerima mereka seadanya. Disebabkan orang yang memiliki buah ini tidak memiliki emosi negatif, perkataan seperti "memaafkan" dan "bersikap sabar" tidak diperlukan langsung. Buah ini bukan sahaja berkenaan hubungan dengan manusia, tetapi ia juga bermakna bersikap sabar dengan iri sendiri semasa menyingkirkan kejahatan dalam hati dan menunggu dengan sabar sehingga doa dan permintaan yang diangkat kepada Tuhan dijawab.

Buah kelima, kemurahan, bermakna bersifat memahami apabila sesuatu atau seseorang kelihatan seperti mustahil untuk difahami. Kebaikan ini juga bermaksud bersikap memaafkan apabila kelihatan mustahil untuk memberikan kemaafan. Jika anda mempunyai pemikiran yang mementingkan diri atau jika anda berasa anda sentiasa betul, anda tidak akan memiliki buah belas kasihan. Hanya apabila anda tidak mementingkan diri, menerima semua perkara dengan hati yang terbuka dan melihat orang lain dengan penuh kasih sayang, barulah anda akan benar-benar memiliki sifar memahami dan memaafkan.

Buah yang keenam adalah kebaikan. Ini bermakna meniru hati Kristus: hati yang tidak pernah menentang atau melampau; tidak mematahkan dahan yang sudah layu, atau memadamkan sumbu yang malap. Ini ialah hati yang benar, yang mana telah menyingkirkan semua dosa, dan sentiasa mencari kebaikan dalam Roh Kudus.

Buah yang ketujuh adalah kesetiaan. Ini bermakna setia sehingga ke titisan darah akhir – apabila menentang dosa dan menyingkirkannya, untuk memiliki kebenaran dalam hati. Ini juga bermaksud setia dan jujur dalam memenuhi tugas anda di gereja, rumah, tempat kerja atau apa sahaja tanggungjawab yang anda miliki. Ini bermakna setia "di dalam semua rumah Tuhan".

Buah yang kelapan adalah kelembutan. Memiliki buah kelembutan bermaksud mempunyai hati yang selembut kapas, yang membolehkan seseorang untuk menerima semua jenis manusia seadanya. Jika anda memiliki hati yang lembut, tidak kira siapa yang datang dan cuba membuatkan anda marah, anda tidak akan tersinggung atau kecil hati. Sama seperti seseorang yang melemparkan batu ke dalam timbunan kapas, ia akan tenggelam dalam kapas dan diliputi, jika anda memiliki buah kelembutan, anda akan menerima semua orang yang menjadi pelindung bagi ramai orang yang datang kepada anda untuk mencari tempat berehat.

Akhir sekali, jika anda memiliki buah kawalan diri, anda akan menikmati kestabilan dalam semua perkara dalam hidup anda. Dalam kehidupan yang mempunyai aturan, anda boleh memiliki semua jenis buah apabila tiba masanya. Dengan ini, anda akan memiliki kehidupan yang indah dan dirahmati.

Tuhan mahu kita memiliki hati yang indah begini, oleh itu Dia berfirman dalam Matius 5:14, "Kamu adalah terang dunia," dan dalam ayat 16, "...Demikianlah hendaknya terangmu bercahaya di depan orang supaya mereka melihat perbuatanmu yang baik dan memuliakan Bapamu yang di syurga." Jika kita dapat memiliki buah Cahaya yang selari dengan taubat dengan benar-benar berada dalam Cahaya, semua kebaikan, sifat benar dan kebenaran akan melimpah dalam hidup kita (Efesus 5:9).

Orang yang menghasilkan buah dengan sentiasa bertaubat

Apabila kita bertaubat daripada dosa dan memiliki buah yang selari dengan taubat, Tuhan akan mengakui hal ini sebagai keimanan dan merahmati kita dengan memperkenankan doa kita. Tuhan memberikan belas kasihan apabila kita bertaubat daripada lubuk hati kita.

Semasa dia berhadapan ujian, Ayub melihat ada kejahatan dalam hatinya dan dia bertaubat dalam debu dan tanah. Pada masa itu, Tuhan menyembuhkan semua bisul pada tubuhnya dan merahmatinya dengan menggandakan kekayaan yang dimilikinya. Tuhan juga merahmatinya dengan anak-anak yang lebih sihat dan cantik berbanding anak-anaknya sebelum ini (Ayub bab 42). Apabila Yunus bertaubat semasa terperangkap dalam perut ikan paus, Tuhan menyelamatkannya. Orang Nineveh berpuasa dan bertaubat selepas menerima amaran berkenaan kemurkaan Tuhan yang disebabkan dosa mereka, lalu Tuhan mengampunkan mereka (Yunus bab 2-3). Hizkia, raja ke-13 kerajaan selatan Yuda, diberitahu oleh Tuhan, "Engkau akan mati dan tidak akan hidup." Namun apabila dia menangis dan bertaubat, Tuhan memanjangkan nyawanya selama 15 tahun lagi (2 Raja-raja bab 20).

Dengan cara ini, walaupun seseorang telah melakukan kejahatan, jika dia bertaubat dari lubuk hatinya dan betul-betul berpaling daripada dosa, Tuhan akan menerima taubat ini. Tuhan menyelamatkan umat-Nya, seperti yang tertulis dalam Mazmur 103:12, "Sejauh timur dari barat, demikianlah dijauhkan-Nya daripada kita pelanggaran kita."

Dalam 2 Raja-raja bab 4, kita lihat kisah seorang wanita berada dari Shunem yang setia berkhidmat kepada nabi Elisha dengan kebaikan hatinya. Walaupun dia tidak meminta, dia mendapat seorang anak lelaki, yang telah lama diimpikannya. Dia tidak berkhidmat dengan niat untuk menerima rahmat, tetapi wanita ini berkhidmat kepada nabi Elisha kerana dia mengasihi dan mengambil berat terhadap hamba Tuhan ini. Tuhan amat senang dengan amalan baiknya dan merahmatinya dengan rahmat kehamilan.

Dalam Kisah Para Rasul bab 9 juga, kita lihat kisah Tabitha, seorang hawari yang penuh dengan amalan baik dan kerja kebajikan. Apabila dia jatuh sakit dan meninggal dunia, Tuhan menggunakan Petrus untuk menghidupkannya semula. Bagi anak-anak yang memiliki buah yang indah, Tuhan amat ingin membalas doa mereka dan memberikan mereka kasih kurnia dan rahmat-Nya.

Oleh itu, kita mestilah yakin dengan kehendak Tuhan dan memiliki buah yang selari dengan taubat. Kita mesti meniru hati Yesus dan mengamalkan sikap benar. Fikirkan tentang Firman Tuhan, sekiranya ada bahagian dalam hidup anda yang tidak selari dengan Firman Tuhan, saya berdoa agar anda kembali kepada-Nya, dengan itu memiliki buah Roh Kudus, buah Cahaya dan buah kasih sayang, supaya anda akan menerima jawapan bagi semua doa anda.

Senarai Istilah

Perbezaan antara dosa dan kejahatan

"Dosa" adalah apa-apa amalan yang tidak selari dengan keimanan. Ini bukan bermakna melakukan perkara yang betul sedang anda tahu ini adalah perkara yang betul. Dalam skop yang lebih meluas, semua perkara yang tidak berkaitan dengan keimanan adalah dosa; oleh itu tidak beriman kepada Yesus Kristus adalah dosa yang paling besar.

"Kejahatan" adalah semua perkara yang tidak boleh diterima apabila dibandingkan dengan Firman Tuhan, semua perkara yang bertentangan dengan kebenaran. Di dalam hati kita, ada sifat semula jadi kejahatan yang wujud. Jadi, dosa adalah sesuatu yang khusus, yang diluahkan secara luaran, atau bentuk kejahatan dalam hati seseorang yang dapat dilihat secara luaran. Kejahatan secara alaminya tidak dapat dilihat; oleh itu, dosa adalah hasil daripada kejahatan yang ada dalam hati seseorang.

Apakah itu kebaikan?

Menurut kamus, kebaikan bermakna "keadaan atau kualiti menjadi baik, kecemerlangan moral, nilai murni". Namun demikian, bergantung kepada naluri seseorang, standard kebaikan berbeza bagi setiap manusia. Oleh itu, standard mutlak bagi kebaikan mestilah menurut Firman Tuhan yang merupakan kebaikan itu sendiri. Oleh itu, kebaikan adalah kebenaran, iaitu Firman Tuhan. Ia merupakan kehendak dan buah fikiran Tuhan sendiri.

Bab 5

"Bencikan Kejahatan; Bergantung Kepada Kebaikan."

"Hendaklah kasih itu jangan pura-pura.
Bencikan kejahatan; bergantung kepada
kebaikan."
(Roma 12:9)

Pada zaman kini, kita boleh melihat kejahatan dalam hubungan antara ibu bapa dan anak mereka, antara pasangan berkahwin, antara adik-beradik dan antara jiran tetangga. Ramai orang menyaman antara satu sama lain disebabkan harta pusaka dan bagi sesetengah kes, ramai orang mengkhianati antara satu sama lain untuk kepentingan mereka sendiri. Hal ini bukan sahaja menyebabkan orang lain berasa kurang senang dengan mereka, tetapi ia juga membawa penderitaan besar kepada diri sendiri. Kerana itulah Tuhan berfirman,"Jauhkan diri daripada segala bentuk kejahatan" (1 Tesalonika 5:22).

Dunia menggelar orang 'baik' apabila dia bermoral atau bersungguh-sungguh. Walau bagaimanapun, terdapat banyak kes di mana apabila moral dan kesedaran orang 'baik' tidak begitu baik apabila dipantulkan dengan Firman Tuhan. Tambahan lagi, terdapat situasi di mana ia sebenarnya bertentangan dengan kehendak Tuhan. Satu kebenaran yang perlu diingati di sini adalah Firman Tuhan - dan Firman-Nya sahaja adalah standard mutlak untuk 'kebaikan'. Oleh itu, segala perkara yang tidak begitu mematuhi Firman Tuhan adalah jahat.

Maka, apakah perbezaan antara dosa dan kejahatan? Dua perkara ini tampak sama, tetapi kedua-duanya berbeza. Misalnya, jika kita menggunakan pokok sebagai contoh, kejahatan adalah seperti akar yang berada di bawah tanah dan tidak kelihatan sementara dosa mempunyai bahagian pokok yang kelihatan seperti dahan, daun dan buah. Sama seperti pokok yang boleh hidup kerana ia mempunyai akar, seseorang berdosa kerana kejahatan yang berada dalam dirinya. Kejahatan adalah salah satu sifat dalam hati seseorang dan ia merangkumi semua ciri dan keadaan yang bertentangan dengan Tuhan. Apabila kejahatan ini mempunyai bentuk zahir seperti fikiran atau tindakan, maka ia dipanggil "dosa".

Bagaimana kejahatan dipaparkan sebagai dosa

Lukas 6:45 menyatakan, "Orang yang baik mengeluarkan barang yang baik dari perbendaharaan hatinya yang baik dan orang yang jahat mengeluarkan barang yang jahat dari perbendaharaannya yang jahat; kerana yang diucapkan mulutnya, meluap dari hatinya." Jika 'kebencian' wujud dalam hati, ia keluar dalam bentuk 'komen sinis', 'kata kasar' atau dosa spesifik lain sebegini. Untuk melihat bagaimana kejahatan yang berada dalam hati kita keluar dalam bentuk dosa, mari kita lihat situasi Daud dan Yudas Iskariot dengan teliti.

Pada suatu malam, semasa Raja Daud berjalan di atas atap istananya, dia terlihat seorang wanita mandi dan tergoda. Dia memanggil wanita tersebut dan berzina dengannya. Wanita tersebut bernama Batsyeba dan pada waktu itu, suaminya Uria tiada kerana dia pergi berperang. Apabila Daud dapat tahu bahawa Batsyeba mengandung, dia merancang untuk membunuh Uria dalam pertempuran dan mengambil Batsyeba sebagai isterinya.

Sudah tentulah Daud hanya melantik Uria untuk mengetuai peperangan, dia tidak sebenarnya membunuh Uria dan pada waktu tersebut, Daud sebagai raja mempunyai setiap kuasa dan autoriti untuk memiliki seramai isteri yang dia mahukan. Walaupun begitu, dalam hati Daud dia benar-benar berniat agar Uria terbunuh. Dengan cara ini, jika anda mempunyai kejahatan dalam hati anda, anda boleh berdosa pada bila-bila masa.

Sebagai akibat dosanya, anak Daud dengan Batsyeba mati dan anak lelakinya yang lain iaitu Absalom, akhirnya mengkhianatinya dan menderhaka. Akibatnya, Daud terpaksa meninggalkan takhta dan Absalom melakukan dosa keji dengan meniduri para gundik ayahnya di hadapan rakyat pada waktu pagi. Disebabkan kejadian ini, ramai orang dalam kerajaan mati, termasuklah Absalom. Dosa zina dan pembunuhan membawa balasan besar kepada Daud dan rakyatnya.

Yudas Iskariot iaitu salah seorang daripada dua belas pengikut Yesus merupakan contoh utama seorang pengkhianat. Sepanjang 3 tahun yang dia luangkan dengan Yesus, dia melihat segala jenis mukjizat yang hanya boleh terjadi dengan kuasa Tuhan. Dia menguruskan beg wang dalam kalangan pengikut dan dia mengalami masalah membuang rasa tamak daripada hatinya, dan kadangkala, dia mengambil wang daripada beg tersebut dan menggunakannya mengikut keperluan peribadinya. Akhirnya, ketamakan Yudas menyebabkan dia mengkhianati gurunya dan rasa bersalahnya menyebabkan dia membunuh diri.

Maka jika terdapat kejahatan dalam hati anda, anda tidak akan tahu dalam bentuk apa kejahatan itu akan terhasil. Walaupun kejahatan itu sedikit sahaja, Iblis boleh berusaha untuk mendorong anda berdoa di mana anda tidak boleh mengelakkannya. Akhirnya anda mungkin akan mengkhianati orang lain, atau pun Tuhan. Kejahatan sebegini membawa kesakitan dan penderitaan kepada anda dan orang sekeliling. Inilah sebab anda perlu membenci kejahatan dan membuang kejahatan walaupun sedikit. Jika anda membenci perkara jahat, anda akan dengan semula jadinya menjauhkan diri daripada kejahatan tersebut, anda tidak akan berfikir tentangnya dan anda tidak akan melakukan kejahatan. Anda hanya akan melakukan kebaikan. Inilah sebab Tuhan memerintahkan untuk membenci kejahatan.

Sebab penyakit, ujian, dugaan dan balasan menimpa kita adalah kerana kita melakukan kerja daging dengan membenarkan kejahatan dalam diri kita untuk dizahirkan secara dosa. Jika kita tidak mengawal hati kita dan melakukan kerja daging, kita tiada beza dengan haiwan pada pandangan Tuhan. Jika ini yang berlaku, maka Tuhan akan murka dan Dia akan mengutuk kita maka kita boleh menjadi manusia semula dan bukan haiwan.

Untuk menyingkirkan kejahatan dan menjadi orang yang dipenuhi kebaikan

Ujian dan balasan tidak menimpa hanya kerana fikiran yang tidak benar atau perkara daging yang wujud dalam hati. Namun, fikiran boleh berkembang menjadi kerja daging (tindakan berdosa) pada bila-bila masa, maka kita perlu membuang semua perkara daging.

Paling penting sekali, jika kita tidak beriman pada Tuhan walaupun setelah menyaksikan mukjizat yang dihasilkan oleh-Nya, maka inilah ketua segala kejahatan. Dalam Matius 11:20-24, Yesus mengecam bandar di mana kebanyakan mukjizat-Nya ditunjukkan kerana mereka tidak bertaubat. Kepada Khorazin dan Betsaida, Yesus bersabda, "Celakalah engkau," dan Dia memberi amaran, "Pada hari penghakiman, tanggungan Tirus dan Sidon akan lebih ringan dari pada tanggunganmu." Kepada Kapernaum pula Dia bersabda, "Pada hari penghakiman, tanggungan negeri Sodom akan lebih ringan dari pada tanggunganmu."

Tirus dan Sidon merujuk kepada dua bandar bukan orang Yahudi. Betsaida dan Khorazin merupakan bandar Israel di utara

Laut Galilea. Betsaida juga merupakan kampung halaman tiga pengikut: Petrus, Andreas dan Filipus. Di sinilah di mana Yesus membuka mata seorang buta dan tempat Dia melakukan mukjizat hebat dua ekor ikan dan lima buku roti yang boleh mengenyangkan 5,000 orang. Disebabkan mereka menyaksikan mukjizat yang memberikan mereka bukti yang lebih daripada mencukupi untuk beriman dengan Yesus, mereka sepatutnya menuruti, bertaubat, dan membuang kejahatan daripada hati mereka menurut ajaran-Nya. Namun, mereka tidak berbuat demikian. Inilah sebabnya mereka dikutuk.

Perkara yang sama bagi kita kini. Jika seseorang menyaksikan tanda dan keajaiban dilakukan oleh manusia Tuhan dan dia masih tidak beriman dengan Tuhan, malah menghakimi dan mencela situasi atau manusia Tuhan tersebut, maka orang tersebut menunjukkan bukti bahawa terdapat kejahatan dalam hatinya. Maka, mengapa orang ramai tidak boleh beriman? Hal ini kerana mereka terpaksa mengawal dan membuang perkara daging, tetapi mereka tidak melakukan demikian. Malah mereka melakukan kerja daging dan melakukan dosa. Lebih banyak dosa yang mereka lakukan, lebih keras dan kasar hati mereka. Kesedaran mereka menjadi tidak sensitif dan akhirnya ia bagaikan ditutup dengan besi panas.

Walaupun Tuhan menunjukkan keajaiban untuk mereka lihat, orang sebegini tidak dapat memahami dan beriman. Disebabkan tiada pemahaman, mereka tidak boleh bertaubat dan kerana mereka tidak bertaubat, mereka tidak boleh menerima Yesus Kristus. Ini sama seperti pencuri. Pada mulanya, orang ini takut untuk mencuri satu objek yang kecil pun, namun selepas mencuri beberapa kali, dia tidak ada rasa bersalah langsung selepas mencuri objek yang besar walaupun hatinya menjadi keras selepas banyak mencuri.

Jika kita mengasihi Tuhan, maka benarlah untuk kita membenci kejahatan dan bergantung kepada kebaikan. Untuk melakukan ini, kita perlu berhenti melakukan semua kerja daging terlebih dahulu dan buang segala perkara daging daripada hati kita.

Apabila kita berada dalam proses membuang dosa dan kejahatan, kita boleh bina hubungan dengan Tuhan dan terima kasih-Nya (1 Yohanes 1:7, 3:9). Muka kita akan sentiasa memantulkan kegembiraan dan kesyukuran yang melimpah-ruah, kita boleh menerima penyembuhan daripada sebarang jenis penyakit dan kita boleh menerima penyelesaian kepada segala masalah yang kita ada dari segi keluarga, kerja, perniagaan, dll.

Generasi jahat dan penuh zina yang menginginkan tanda

Dalam Matius 12:38-39, kita lihat beberapa katib dan orang Farisi yang menuntut agar Yesus menunjukkan mereka petanda. Maka Yesus memberitahu mereka bahawa generasi yang jahat dan berzina mengidamkan petanda. Misalnya, terdapat orang yang berkata, "Jika kau tunjukkan aku Tuhan, maka aku akan percaya," atau "Jika kau menghidupkan semula orang mati, maka aku akan percaya." Orang sebegini tidak berkata-kata dengan hati yang tulus yang benar-benar mahu beriman. Mereka berkata sebegini kerana ragu-ragu.

Maka kecenderungan ini untuk tidak beriman dengan kebenaran atau kecenderungan untuk menghina atau meragui seseorang yang lebih baik daripada mereka atau keinginan untuk menolak segala-gala perkara yang tidak sejajar dengan fikiran atau pandangan mereka, semua ini datang daripada sifat zina secara rohani. Apabila mereka tidak mahu percaya, orang yang menuntut untuk melihat petanda akan berkomplot dan berusaha untuk mencari kelemahan Yesus, untuk mengharamkan dan mencela-Nya.

Lebih banyak kesalihan diri, kebongkakan dan sifat pentingkan diri sendiri orang ramai, lebih zina generasi itu. Apabila peradaban menjadi semakin maju seperti kini, makin ramai orang menuntut untuk melihat petanda. Walau bagaimanapun, terdapat begitu ramai orang yang menyaksikan petanda dan masih tidak beriman!

Tidak hairanlah generasi sebegini dikutuk sebagai generasi yang jahat dan berzina!

Jika anda membenci kejahatan, maka anda tidak akan mengamalkan kejahatan. Jika tubuh anda terkena najis, anda akan membasuhnya. Dosa dan kejahatan yang mereputkan jiwa dan menyeretnya ke jalan kematian, adalah lebih kotor, berbau dan lebih hodoh berbanding najis. Kita tidak boleh membandingkan kejijikan dosa dengan najis.

Maka apa jenis kejahatan yang perlu kita benci sebenarnya? Dalam Matius bab 23, Yesus menegur katib dan orang Farisi dengan berkata, "Celakalah kamu..." Dia menggunakan frasa "Celakalah kamu," yang menandakan mereka tidak akan menerima penyelamatan. Kita akan membahagikan sebab tersebut dalam tujuh kategori dan mengkajinya dengan lebih teliti.

Bentuk kejahatan yang kita mesti benci

1. Menutup pintu Syurga agar orang lain boleh masuk

Dalam Matius 23:13, Yesus bersabda, "Celakalah kamu, hai ahli-ahli Taurat dan orang-orang Farisi, hai kamu orang-orang munafik, karena kamu menutup pintu-pintu Kerajaan Sorga di depan orang. Sebab kamu sendiri tidak masuk dan kamu merintangi mereka yang berusaha untuk masuk."

Katib dan orang Farisi tahu dan merakam firman Tuhan dan berkelakuan bagaikan mereka memelihara firman Tuhan. Namun hati mereka sudah keras dan mereka melakukan kerja Tuhan secara palsu, oleh itu, mereka dikutuk. Walaupun mereka mempunyai semua formaliti kesucian, hati mereka dipenuhi dengan keburukan dan kejahatan. Apabila mereka melihat Yesus melakukan mukjizat yang tidak mungkin dilakukan oleh seorang manusia, mereka bukannya mengakui Yesus dan bergembira, bahkan mereka merancang segala jenis komplot untuk menentang-Nya. Mereka sanggup mengetuai kematian-Nya.

Hal ini juga benar kepada orang pada zaman kini. Orang yang mengaku beriman pada Yesus Kristus dan tidak menjalani hidup yang boleh diteladani termasuk dalam kategori ini. Jika anda memaksa seseorang berkata, "Aku tidak mahu beriman dengan Yesus disebabkan orang seperti kau," maka anda menjadi orang yang menutup kerajaan syurga daripada orang lain. Anda bukan sahaja tidak masuk Syurga; tetapi anda juga menghalang orang lain daripada masuk.

Orang yang mengaku beriman dengan Tuhan, tetapi terus berkompromi dengan dunia juga adalah orang yang dikutuk Yesus. Jika dalam hierarki gereja, seseorang dengan jawatan gereja yang menyandang jawatan mengajar menunjukkan kebencian terhadap orang lain, marah atau berlaku ingkar, maka bagaimana mualaf Kristian yang melihat orang sebegini mempercayainya, apatah lagi menghormatinya? Mereka berkemungkinan besar akan kecewa, malah mereka mungkin hilang iman. Jika, dalam kalangan orang yang tidak beriman terdapat orang yang isteri atau suaminya cuba untuk mengembangkan iman mereka, dan mereka sama ada menghukum atau memaksa mereka bertindak jahat dan berdosa, maka mereka juga akan menerima kutukan "Celakalah kamu".

2. Apabila seseorang menjadi ahli Neraka, yang dua kali lebih jahat daripada kamu sendiri

Dalam Matius 23:15, Yesus bersabda, "Celakalah kamu, hai ahli-ahli Taurat dan orang-orang Farisi, hai kamu orang-orang munafik, sebab kamu mengharungi lautan dan menjelajah daratan, untuk mentaubatkan satu orang saja menjadi penganut agamamu dan sesudah ia bertaubat, kamu menjadikan dia orang neraka, yang dua kali lebih jahat dari pada kamu sendiri."

Terdapat pepatah orang tua yang mengatakan menantu perempuan yang disusahkan oleh ibu mentuanya akan lebih menyusahkan menantu perempuannya pula. Apa yang dilihat dan dialami seseorang tertanam dalam ingatannya, dan secara tidak sedar, dia bertindak mengikut apa yang dialaminya. Disebabkan inilah apa yang anda belajar dan dari siapa anda belajar adalah sangat penting. Jika anda belajar cara orang Kristian daripada orang seperti katib dan orang Farisi, maka seperti orang buta yang memimpin orang buta yang lain, anda akan terjerumus dalam kejahatan bersama-sama mereka.

Misalnya, jika seorang pemimpin sentiasa menghakimi dan mengutuk orang lain, bergosip dan bercakap secara negatif, orang beriman yang belajar daripadanya juga akan terpalit dengan tindakannya dan mereka akan menuju jalan kematian. Dalam masyarakat, kanak-kanak yang membesar dalam rumah di mana ibu bapa mereka sentiasa bergaduh dan membenci antara satu sama lain mempunyai peluang yang lebih tinggi dalam disesatkan berbanding kanak-kanak yang membesar dalam rumah yang aman.

Oleh itu, ibu bapa, guru dan pemimpin lain perlu menjadi teladan yang lebih baik berbanding yang lain-lain. Jika kata-kata dan tindakan orang sebegini tidak boleh dijadikan teladan, mereka boleh menyebabkan orang lain terjatuh. Dalam gereja sekalipun, terdapat kes di mana hamba atau seorang pemimpin bukanlah teladan yang baik dan mereka akhirnya menyekat kebangkitan semula atau pertumbuhan kumpulan kecil, jabatan atau organisasi mereka. Kita perlu sedar bahawa jika inilah yang kita lakukan, kita bukan sahaja merosakkan diri sendiri, tetapi orang lain juga untuk menjadi ahli Neraka.

3. Menyampaikan kehendak Tuhan dengan cara yang salah disebabkan ketamakan dan kepalsuan

Dalam Matius 23:16-22, Yesus bersabda, "Celakalah kamu, hai pemimpin-pemimpin buta, yang berkata, 'Bersumpah demi Bait Suci, sumpah itu tidak sah; tetapi bersumpah demi emas Bait Suci, sumpah itu mengikat.' Hai kamu orang-orang bodoh dan orang-orang buta! Apakah yang lebih penting, emas atau Bait Suci yang menguduskan emas itu? Dan, 'Bersumpah demi mezbah, sumpah itu tidak sah; tetapi bersumpah demi persembahan yang ada di atasnya, sumpah itu mengikat.' Hai kamu orang-orang buta, apakah yang lebih penting, persembahan atau mezbah yang menguduskan persembahan itu? Kerana itu barang siapa bersumpah demi mezbah, ia bersumpah demi mezbah dan juga demi segala sesuatu yang terletak di atasnya. Dan barang siapa bersumpah demi Bait Suci, ia bersumpah demi Bait Suci dan juga demi Dia, yang diam di situ. Dan barang siapa bersumpah demi syurga, ia bersumpah demi takhta Tuhan dan juga demi Dia, yang bersemayam di atasnya."

Mesej ini merupakan kutukan kepada orang yang menyampaikan kehendak Tuhan secara palsu disebabkan ketamakan, penipuan dan pentingkan diri dalam hati mereka. Jika seseorang membuat sumpah atau berjanji kepada Tuhan, para guru perlu mengajarnya untuk memelihara janji tersebut, tetapi para guru mengajar orang ramai untuk mengetepikan hal ini dan hanya memelihara janji yang dilakukan berkaitan dengan wang atau harta benda. Jika seorang menteri mengabaikan pengajaran orang ramai untuk tinggal dalam kebenaran dan hanya menekankan tentang korban, maka dia menjadi pemimpin yang sudah buta.

Sebelum apa-apa pun, seorang pemimpin perlu mengajar rakyatnya untuk bertaubat daripada dosa mereka, memupuk kesalihan Tuhan dan oleh itu, masuk ke dalam kerajaan syurga. Bersumpah dengan kuil, Yesus Kristus, mezbah, dan Takhta Syurga adalah sama, jadi seseorang itu perlu memegang sumpah tersebut.

4. Mengabaikan peruntukan Taurat yang lebih berat

Dalam Matius 23:23-24, "Yesus berkata, "Celakalah kamu ahli Taurat dan orang Farisi, orang munafik! Kerana kamu menyembah padi, dil dan kommin, serta telah mengabaikan ketentuan hukum yang lebih berat: keadilan dan belas kasihan serta kesetiaan; tetapi ini adalah perkara-perkara yang mesti dilakukan tanpa mengabaikan yang lain. Kamu pembimbing buta, yang menarik agas dan menelan unta!"

Orang yang benar-benar percaya kepada Tuhan akan memberikan persepuluhan yang lengkap. Jika kita memberikan persepuluhan yang lengkap, kita akan menerima keberkatan, jika tidak, kita merompak Tuhan (Maleakhi 3:8-10). Benar, beberapa katib dan orang Farisi memberikan persepuluhan, tetapi Yesus mengutuk mereka kerana mengabaikan keadilan, belas kasihan dan kesetiaan. Jadi apakah yang dimaksudkan dengan mengabaikan keadilan, belas kasihan dan kesetiaan?

'Keadilan' melambangkan pembuangan dosa, menjalani kehidupan mengikut firman Tuhan dan mematuhi-Nya dengan iman. 'Kepatuhan' mengikut standard duniawi ialah perbuatan mematuhi dan melakukan sesuatu yang anda mampu lakukan. Walaupun begitu, 'kepatuhan' dari sudut kebenaran ialah kemampuan untuk mematuhi dan melakukan perkara yang kelihatan mustahil.

Dalam Alkitab, nabi yang diakui oleh Tuhan mematuhi firman-Nya dengan iman. Mereka membelah Laut Merah, menghancurkan dinding Yerikho dan menghentikan aliran Sungai Yordan. Jika mereka memiliki pemikiran manusia dalam situasi tersebut, perkara ini tidak akan pernah berlaku. Namun dengan keimanan, mereka mematuhi Tuhan dan menjadikannya suatu kenyataan.

'Belas kasihan' ialah memenuhi tanggungjawab sepenuhnya sebagai manusia dalam semua aspek kehidupan. Terdapat moral dan etika asas di dunia ini yang boleh dipatuhi oleh manusia untuk mengekalkan kemanusiaan mereka. Namun standard ini tidak sempurna. Jika seseorang berbudaya dan baik dari luaran, tetapi dia memiliki kejahatan dalam diri, kita tidak boleh mengatakan bahawa dia benar-benar baik. Kita perlu melakukan keseluruhan tanggungjawab sebagai manusia untuk menjalani kehidupan yang bermakna, yakni mematuhi firman Tuhan (Pengkhotbah 12:13).

Tambahan pula, 'kesetiaan' ialah melibatkan diri dalam sifat ketuhanan Tuhan melalui iman (2 Petrus 1:4). Tujuan Tuhan mencipta syurga dan bumi, semua makhluk di dalamnya serta manusia adalah untuk mendapat anak sebenar yang mencerminkan hati-Nya. Tuhan memberitahu kita untuk menjadi benar dan sempurna seperti-Nya. Kita tidak sepatutnya memiliki kesucian secara luaran sahaja. Kita mampu melibatkan diri dalam sifat ketuhanan Tuhan hanya selepas membuang kejahatan dari hati dan mematuhi perintah Tuhan sepenuhnya.

Walau bagaimanapun, beberapa katib dan orang Farisi di zaman Yesus mengabaikan keadilan, belas kasihan dan kesetiaan serta menumpukan pada persembahan dan korban sahaja. Tuhan lebih menyukai hati yang bertaubat berbanding korban yang dipersembahkan dengan hati yang fasik (Mazmur 51:16-17). Walau bagaimanapun, ia mengajar sesuatu yang tidak digerakkan dengan kehendak Tuhan. Orang yang menjadi pengajar sepatutnya menunjukkan dosa orang, membantu mereka mendapat hasil dalam mengekalkan taubat dan membimbing mereka untuk berdamai dengan Tuhan. Selepas itu, mereka patut mengajar mengenai persepuluh, keformalan penyembahan, doa, dll., sehingga mereka mencapai penyelamatan sepenuhnya.

5. Mengekal kebersihan luaran sementara membiarkan dalaman yang penuh dengan rompakan dan kerakusan diri

Dalam Matius 23:25-26 Yesus berkata, "Yesus berkata, "Celakalah kamu ahli Taurat dan orang Farisi, orang munafik! Kerana kamu membersihkan bahagian luar cawan dan piring, tetapi di dalamnya penuh dengan rompakan dan kerakusan diri. Kamu orang Farisi buta, mulailah dengan membersihkan bahagian dalam cawan dan piring itu, supaya luarnya juga menjadi bersih."

Apabila anda melihat gelas yang jelas dibuat daripada kristal, ia sangat cantik dan bersih. Namun ia bergantung kepada apa yang anda letakkan di dalam cawan itu, ia boleh bersinar dengan lebih cantik, atau ia boleh tercemar. Jika ia dipenuhi dengan air yang kotor, ia hanya boleh menjadi cawan yang kotor. Sama juga, jika seseorang yang nampak beriman dari luaran tetapi hatinya penuh dengan kejahatan, Tuhan melihat hati dan semua kekotoran di dalamnya serta menganggapnya telah tercemar.

Dalam hubungan manusia, seseorang yang dilihat bersih, berpakaian cantik, atau berbudaya baik tidak bermakna jika kita mendapati bahawa mereka penuh dengan kebencian, iri hati, cemburu, dan berbagai kejahatan, kita merasakan kekotoran dan malu. Jadi bagaimanakah tanggapan Tuhan yang benar ketika Dia melihat orang seperti ini? Oleh itu, kita harus mencerminkan diri kita dengan Firman Tuhan dan bertaubat dari semua perbuatan keji dan keserakahan serta berusaha untuk mendapatkan hati yang bersih. Jika kita bertindak mengikut Firman Tuhan dan terus membuang dosa, hati kita akan menjadi bersih, oleh itu penampilan luaran kita secara semula jadi akan menjadi bersih dan suci.

6. Jadi seperti makan bercat putih

Dalam Matius 23:27-28, "Yesus berkata, "Celakalah kamu ahli Taurat dan orang Farisi, orang munafik! Kerana kamu seperti makam yang bercat putih di luar kelihatan cantik, tetapi dalamnya ia penuh dengan tulang orang mati dan semua kekotoran. Jadi, kamu juga secara lahiriah kelihatan benar buat manusia, tetapi dalaman kamu penuh kemunafikan dan keburukan."

Tidak kira berapa banyak wang yang kamu belanjakan untuk mencantikkan makam, akhirnya, apa yang berada di dalamnya? Mayat mereput yang akan menjadi debu! Oleh itu kubur yang bercat putih melambangkan orang-orang munafik yang hanya memelihara luaran. Mereka kelihatan baik, lemah lembut, dan lengkap secara luaran, memberi nasihat dan memarahi orang lain, sedangkan dalam diri mereka sebenarnya dipenuhi kebencian, iri hati, cemburu, zina, dan sebagainya.

Jika kita mengaku percaya kepada Tuhan dan menyimpan kebencian dalam hati sementara mengutuk orang lain, maka kita melihat selumbar di mata orang lain dan tidak melihat papan di mata kita sendiri. Inilah yang dianggap sebagai munafik. Ini juga boleh dikaitkan dengan orang yang tidak beriman. Memiliki hati yang cenderung untuk mengkhianati suami atau isteri, mengabaikan anak, atau tidak menghormati ibu bapa serta mengutuk kebenaran dan mengejek orang lain adalah perbuatan yang hipokrit.

7. Menganggap diri anda benar

Dalam Matius 23:29-33, "Yesus berkata, "Celakalah kamu ahli Taurat dan orang Farisi, orang munafik! Kerana kamu membina makan nabi dan menghiasi monumen kebenaran, lalu berkata, 'Jika kami telah hidup di zaman bapa kami, kami tidak akan bersahabat dengan mereka dalam menumpahkan darah nabi.' Jadi kamu bersaksi terhadap diri sendiri bahawa kamu anak orang yang membunuh para nabi. Isikanlah, lalu, ukuran kesalahan bapa kamu. Kamu ular, kamu ular, bagaimana kamu akan melarikan diri dari hukuman neraka?"

Katib dan orang Farisi yang hipokrit membina makam nabi dan menghias monumen kebenaran dan berkata, "Kerana kamu membina makan nabi dan menghiasi monumen kebenaran, lalu berkata, 'Jika kami telah hidup di zaman bapa kami, kami tidak akan bersahabat dengan mereka dalam menumpahkan darah nabi." Walau bagaimanapun, pengakuan ini tidak benar. Katib dan orang Farisi ini bukan sahaja tidak mengenali Yesus yang datang sebagai Juruselamat, mereka juga telah menolak dan memaku-Nya lalu membunuh-Nya. Bagaimanakah mereka boleh menganggap diri mereka lebih benar berbanding moyang mereka?

Yesus mengutuk ketua-ketua yang hipokrit dengan mengatakan,

"Isikanlah, lalu, ukuran kesalahan bapa kamu." Apabila seseorang itu berdosa, jika dia memiliki sedikit hati nurani, dia akan berasa serba salah dan berhenti melakukan dosa. Namun ada juga orang yang tidak bertaubat dari tindakan jahat mereka sehingga ke akhirnya. Inilah yang dimaksudkan oleh Yesus semasa dia berkata "isikanlah". Mereka menjadi anak iblis, ular, dan bertindak dengan lebih jahat.

Sama juga, jika seseorang mendengar kebenaran dan merasakan hati nurani, namun orang ini masih menganggap dirinya benar dan tidak mahu bertaubat, jadi orang ini tidak mempunyai perbezaan dengan orang yang mengisi ukuran kesalahan yang dilakukan oleh moyangnya. Yesus berkata jika mereka tidak bertaubat dan memegang hasil yang menghalang taubat, mereka tidak boleh lari dari hukuman Neraka.

Oleh yang demikian, kita mesti memuhasabah diri terhadap hukuman yang Yesus berikan kepada katib dan orang Farisi dan melihat jika ada sesuatu berkait dengan diri kita dan membuangnya dengan segera. Saya berharap para pembaca akan menjadi orang benar yang membenci kejahatan dan berpegang kepada kebaikan, justeru itu anda akan memberikan kemuliaan kepada Tuhan dan menikmati kehidupan yang diberkati—sebagaimana yang diinginkan oleh hati anda!

Glosari dan keterangan lanjut

Apakah itu 'penyemaian manusia'?

'Penyemaian' ialah proses di mana petani menanam benih, menjaga, dan mendapatkan buahnya. Tuhan meletakkan Adam dan Hawa di dunia ini sebagai buah pertama untuk mendapat anak-Nya yang sejati. Selepas Adam jatuh, manusia menjadi pendosa, selepas menerima Yesus Kristus dengan bantuan Roh Kudus, mereka dapat memulihkan imej sebenar Tuhan yang dimiliki sebelum ini. Jadi seluruh proses Tuhan mencipta manusia dan melihat seluruh sejarah manusia sehingga hukuman terakhir dipanggil sebagai 'penyemaian manusia'.

Perbezaan antara 'badan', 'daging', dan 'perkara daging'

Lazimnya, apabila kita merujuk kepada badan manusia, kita menggunakan istilah 'badan' atau 'daging'. Namun, dalam Alkitab, setiap perkataan ini mempunyai maksud rohani tertentu. Ada kalanya 'daging' digunakan untuk menyatakan badan manusia, tetapi secara rohani ia merujuk kepada benda yang mereput, berubah, tidak baik dan kotor.

Manusia pertama iaitu Adam ialah roh yang hidup dan tidak mempunyai apa-apa dosa. Walau bagaimanapun, selepas digoda oleh Syaitan untuk makan buah pengetahuan bagi kebaikan dan kejahatan, dia terpaksa mengalami kematian kerana upah dosa ialah kematian (Kejadian 2:17; Roma 6:23). Tuhan meletakkan pengetahuan kehidupan, kebenaran di dalam manusia sewaktu penciptaan. Bentuk manusia tanpa kebenaran yang keluar selepas Adam melakukan dosa tersebut dirujuk sebagai 'badan'. Sifat jahat yang bergabung dengan badan ini dirujuk sebagai 'daging'. Daging ini tidak memiliki bentuk yang nyata, tetapi ia sifat jahat yang boleh digesa untuk muncul pada bila-bila masa.

Tanah hati manusia

Alkitab mengkategorikan hati manusia kepada beberapa jenis tanah: pinggir jalan, tanah berbatu, tanah berduri, dan tanah yang baik (Markus bab 4).

Pinggir jalan melambangkan hati yang keras dan berbelulang. Walaupun benih firman Tuhan disemai dalam hati seperti ini, benih tidak boleh tumbuh, dan ia tidak boleh berbuah, oleh itu orang ini tidak dapat menerima keselamatan.

Tanah berbatu melambangkan orang yang memahami Firman Tuhan di dalam fikirannya, tetapi dia tidak dapat mempercayai dengan hatinya. Apabila mendengar firman Tuhan, dia mungkin membuat usaha untuk mengamalkan apa yang telah dipelajari, tetapi apabila kesusahan tiba, dia tidak mampu mengekalkan imannya.

Tanah berduri merujuk kepada hati orang yang mendengar, memahami, dan mengamalkan Firman Tuhan dalam kehidupan, namun dia tidak boleh melawan godaan dunia ini. Dia tertarik dengan kebimbangan dunia ini, keserakahan, dan keinginan daging, jadi ujian dan kesengsaraan akan mengikutinya, dia tidak mengembang secara rohani.

Tanah yang baik melambangkan hati seseorang yang akan membuahkan hasil 30, 60, 100 ganda apabila Firman Tuhan jatuh ke tanah itu, rahmat dan jawapan Tuhan akan sentiasa bersamanya.

Tugas Syaitan dan iblis

Syaitan ialah makhluk yang mempunyai kuasa kegelapan yang menyebabkan manusia melakukan kejahatan. Ia tidak mempunyai bentuk tertentu. Ia sentiasa menyebarkan hati dan fikiran yang gelap serta kuasanya untuk melakukan kejahatan seperti gelombang radio. Apabila kejahatan berada dalam hati manusia menangkap frekuensinya, ia menggunakan fikiran manusia untuk mencurahkan kuasa gelap kepada manusia tersebut. Inilah yang dipanggil "menerima kerja Syaitan", atau "mendengar suara Syaitan".

Iblis adalah sebahagian daripada malaikat yang turut berpaling tadah bersama Azazil. Mereka berpakaian hitam dan mempunyai rupa, tangan dan kaki seperti manusia atau malaikat. Ia mengikut arahan dari Syaitan, menjaga dan memberikan arahan kepada beberapa iblis untuk membawa kesakitan kepada manusia dan membuat mereka jatuh kepada kejahatan dan dosa.

Ciri-ciri tubuh dan hati

Manusia dirujuk sebagai 'tubuh'. Ciri-ciri tubuh seseorang dipengaruhi dengan cara seseorang itu mendengar Firman Tuhan dan menyematkannya dalam hati dan cara dia mengamalkannya dengan iman. Ciri-ciri tubuh berkait dengan jenis bahan yang digunakan untuk menciptanya. Jika seseorang itu mempunyai tubuh yang baik, dia boleh disucikan dengan cepat dan dapat menunjukkan kuasa rohani dalam skop yang lebih luas. Seseorang itu perlu mendengar Firman dengan baik dan menyematkannya dalam lubuk hati supaya dapat menyemai ciri-ciri tubuh yang baik. Cara seseorang mengamalkan perkara yang telah dipelajari akan menentukan ciri-ciri tubuh.

Ciri-ciri hati bergantung dengan sejauh mana hati digunakan dan saiz tubuh. Ada juga kes di mana 1) melebihi kemampuan seseorang, 2) hanya memenuhi kapasiti seseorang 3) dengan penuh dendam mengisi hampir kapasiti minimum, dan 4) kes di mana seseorang itu lebih baik untuk tidak mula bekerja kerana segala kejahatan yang dilakukannya. Jika ciri-ciri hati seseorang itu kecil dan kekurangan, dia perlu berusaha untuk mengubahnya menjadi hati yang lebih luas dan besar.

Kebenaran pada pandangan Tuhan

Tahap kebenaran yang pertama ialah membuang dosa. Pada tahap ini seseorang itu dibenarkan dengan menerima Yesus Kristus dan menerima Roh Kudus. Kemudian, dia menyedari dosanya dan berdoa bersungguh-sungguh untuk membuang dosa itu. Tuhan meredhai perbuatan ini dan menjawab doa tersebut dan merahmatinya.

Tahap kebenaran yang kedua ialah memelihara Firman. Selepas seseorang itu membuang dosanya, dirinya boleh dipenuhi dengan Firman Tuhan dan mampu mematuhi-Nya. Sebagai contoh, jika dia mendengar mesej tentang larangan membenci sesiapa, dia membuang kebencian dan berusaha untuk menyayangi semua orang. Dengan cara ini dia mematuhi Firman Tuhan. Pada masa ini, dia menerima rahmat kesihatan setiap masa dan setiap doa yang dilakukan akan dijawab.

Tahap kebenaran ketiga ialah menyenangkan Tuhan. Pada tahap ini, seseorang itu bukan sahaja membuang dosa, dia juga bertindak mengikut kehendak Tuhan pada setiap masa. Malah dia memberikan hidupnya untuk memenuhi panggilannya. Jika seseorang dapat mencapai tahap ini, Tuhan menjawab walaupun ia merupakan permintaan kecil dalam hatinya.

Mengenai Kebenaran

"... dan mengenai kebenaran, Kerana Aku pergi kepada Bapa dan kamu tidak akan melihat Aku lagi;"

(Yohanes 16:10)

"Kemudian dia percaya kepada TUHAN; dan Dia menganggapnya sebagai kebenaran." (Kejadian 15:6)

"Kerana Aku berkata kepada kamu bahawa jika kebenaran kamu tidak melepasi katib dan orang Farisi, kamu tidak akan memasuki kerajaan syurga." (Matius 5:20)

"Tetapi sekarang selain Hukum Taurat, kebenaran Tuhan telah dinyatakan, disaksikan oleh Taurat dan para Nabi, bahkan kebenaran Tuhan melalui iman kepada Yesus Kristus untuk semua orang yang percaya; kerana tidak ada perbezaan;" (Roma 3:21-22)

"...telah dipenuhi dengan buah kebenaran yang datang dari Yesus Kristus, untuk kemuliaan dan pujian Tuhan." (Filipi 1:11)

"... pada masa hadapan telah tersedia bagiku mahkota kebenaran yang akan dikurniakan kepadaku oleh Tuhan, Hakim yang adil, pada hari-Nya; tetapi bukan hanya kepadaku, malah ia buat semua orang yang merindukan kedatangan0 Nya." (2 Timotius 4:8)

"... dan Kitab Suci telah dipenuhi yang mengatakannya , "Abram percaya kepada Tuhan, dan ia katakan sebagai orang yang benar," itulah sebab Abram dipanggil sebagai sahabat Tuhan" (Yakobus 2:23)

"Dengan ini anak-anak Tuhan dan anak-anak syaitan adalah jelas: sesiapa yang tidak mengamalkan kebenaran tidak berasal dari Tuhan, sama juga orang yang tidak mengasihi saudaranya." (1 Yohanes 3:10)

Bab 6

Kebenaran Yang Membawa ke Arah Kehidupan

> *"Jadi, sebagaimana pelanggaran satu orang mengakibatkan seluruh umat manusia dihukum, begitu juga perbuatan satu orang yang mengikuti kehendak Tuhan, mengakibatkan semua orang dibebaskan dari kesalahan dan diberi hidup."*
> *(Roma 5:18-24)*

Saya bertemu dengan Tuhan hidup selepas tujuh tahun terlantar di atas katil dengan penyakit. Saya bukan sahaja disembuhkan daripada segala penyakit melalui api Roh Kudus, tetapi selepas bertaubat akan dosa saya, saya juga menerima kehidupan abadi yang membenarkan saya hidup di Syurga selama-lamanya. Saya sangat bersyukur akan hawa kurnia Tuhan kerana daripada waktu saya mula pergi ke gereja, saya berhenti minum alkohol dan saya berhenti menghidangkan minuman beralkohol kepada orang lain.

Pernah sekali apabila salah seorang saudara saya mempersendakan gereja. Saya yang tidak dapat menahan diri sendiri berkata dengan marah, "Mengapa awak bercakap buruk tentang Tuhan dan bercakap negatif tentang gereja dan pastor?"

Sebagai seorang Kristian yang mualaf, saya berasa tindakan saya benar. Hanya kemudian barulah saya sedar bahawa tindakan saya tidak benar. Kesalihan yang saya rasa benar mendahului kesalihan yang benar di mata Tuhan. Hal ini menghasilkan pertengkaran dan perbalahan.

Dalam situasi sebegini, apakah kesalihan pada pandangan Tuhan? Kesalihan adalah cuba memahami orang lain dengan kasih sayang. Jika anda menganggap hakikat bahawa mereka bertindak sedemikian kerana mereka tidak mengenali Tuhan, maka tiada sebab untuk berkecil hati dengan mereka. Kesalihan sejati adalah berdoa untuk mereka dengan kasih sayang dan mencari jalan berhikmah untuk menginjilkan mereka dan membimbing mereka menjadi anak Tuhan.

Kebenaran pada pandangan Tuhan

Keluaran 15:26 menyatakan, "Jika kamu sungguh-sungguh mendengarkan suara TUHAN, dan melakukan apa yang benar di mata-Nya..." Ayat ini memberitahu kita bahawa hakikatnya, kesalihan pada pandangan manusia dan kesalihan pada pandangan Tuhan jelas berbeza.

Di dunia kita, membalas dendam lebih lazim dianggap bertindak dengan salih. Walau bagaimanapun, Tuhan memberitahu kita bahawa mengasihi semua orang dan mengasihi musuh sekalipun, adalah kesalihan. Selain itu, dunia ini menganggap hal ini salih apabila seseorang bertarung untuk mencapai apa yang mereka fikir merupakan perkara yang baik walaupun dengan memecahkan damai dengan orang lain. Tetapi Tuhan tidak menganggap seseorang itu salih apabila dia memecahkan kedamaian dengan orang lain hanya kerana apa yang mereka fikir benar dalam fikiran sendiri.

Selain itu, di dunia ini, tanpa mengira betapa banyak kejahatan dalam hati anda seperti kebencian, perselisihan faham, cemburu, iri hati, kemarahan dan mementingkan diri, selagi anda tidak melanggar undang-undang negara dan anda tidak melakukan sebarang dosa dalam amalan anda, tiada sesiapa yang akan menggelar anda fasik. Walau bagaimanapun, jika anda tidak melakukan sebarang dosa sekalipun dengan amalan anda, jika anda mempunyai kejahatan dalam hati, Tuhan menggelar anda orang yang fasik. Konsep kesalihan dan kefasikan manusia berbeza dalam kalangan manusia, tempat dan generasi. Oleh itu, untuk kita menetapkan standard untuk kesalihan dan kefasikan, kita perlu menetapkan standard pada Tuhan. Apa yang Tuhan katakan kesalihan adalah kesalihan sejati.

Maka, apa yang akan Yesus lakukan? Roma 5:18 menyatakan, "Jadi, sebagaimana pelanggaran satu orang mengakibatkan seluruh umat manusia dihukum, begitu juga perbuatan satu orang yang mengikuti kehendak Tuhan, mengakibatkan semua orang dibebaskan dari kesalahan dan diberi hidup." Di sini, "pelanggaran satu orang" merupakan dosa Adam, bapa kepada umat manusia dan "perbuatan satu orang yang mengikuti kehendak Tuhan" adalah ketaatan Yesus, Anak Tuhan. Dia memenuhi amalan kesalihan membimbing ramai orang kepada kehidupan. Mari kita belajar dengan lebih terperinci tentang apakah kesalihan yang membimbing ramai orang kepada kehidupan.

Satu tindakan kebenaran yang menyelamatkan manusia

Dalam Kejadian 2:7, kita dapat membaca bahawa Tuhan mencipta manusia pertama iaitu Adam dalam imej-Nya. Kemudian Dia hembus ke dalam lubang hidungnya dan menjadikan dia roh hidup. Sama seperti bayi yang baru dilahirkan, tiada apa-apa yang diketahui olehnya. Dia bagaikan kain yang baharu dan segar. Sama seperti bayi membesar dan mula mengumpul serta menggunakan pengetahuan melalui apa yang dia lihat dan dengar, dia diajar oleh

Tuhan tentang harmoni seluruh alam semesta, hukum dunia rohani dan firman kebenaran.

Tuhan mengajar Adam segala-gala yang dia perlu tahu untuk hidup sebagai tuan segala ciptaan. Hanya ada satu perkara yang dilarang Tuhan. Adam boleh makan dengan bebas daripada mana-mana pohon dalam Taman Eden kecuali pokok pengetahuan kebaikan dan kejahatan. Tuhan memberikannya amaran keras pada hari dia memakan buah pohon tersebut bahawa dia pasti akan mati (Kejadian 2:16-17).

Walau bagaimanapun, selepas sekian lama berlalu, dia gagal untuk mengingati firman ini dan dia termakan godaan ular dan memakan buah terlarang. Hasilnya, komunikasinya dengan Tuhan terputus dan seperti yang difirmankan Tuhan, "Kau pasti akan mati," roh Adam yang merupakan roh hidup, telah mati. Disebabkan dia tidak mentaati Firman Tuhan tetapi mendengar kata-kata syaitan, dia menjadi anak syaitan.

1 Yohanes 3:8 menyatakan, "Tetapi orang yang terus-menerus berbuat dosa adalah anak Iblis, sebab Iblis berdosa sejak mula." Yohanes 8:44 pula menyatakan, "Bapamu adalah iblis. Kamu mahu melakukan kemahuan bapamu. Iblis adalah pembunuh sejak semula, yang selalu menentang kebenaran. Di dalam dirinya tidak ada kebenaran. Dia suka akan dusta yang dikatakannya. Dia memang pendusta dan bapa dari segala dusta."

Jika Adam yang ingkar dan berdosa, maka mengapa keturunannya juga menjadi pendosa? Seorang kanak-kanak pasti akan menyerupai ibu bapanya, terutamanya rupa mereka. Namun, personalitinya dan juga cara dia berjalan pasti akan menyerupai ibu bapanya. Hal ini kerana seorang kanak-kanak mewarisi apa yang dikenali sebagai "chi" atau "semangat" atau "kuasa kehidupan" ibu bapanya dan sama seperti kuasa kehidupan yang diturunkan kepada anak, sifat dosa ibu bapa juga diturunkan sekali (Mazmur 51:5). Bayi yang baru lahir tidak diajar oleh sesiapa untuk menangis dan merengek, tetapi dia melakukannya dengan sendiri. Hal ini kerana sifat dosa yang terkandung dalam kuasa kehidupan diturunkan untuk generasi selepas generasi yang bermula daripada Adam.

Selain daripada dosa asli yang diwarisi manusia, dia juga terus melakukan dosa dengan sendiri dan oleh itu, hatinya menjadi lebih hitam dengan dosa. Maka, dia sekali lagi menurunkan hal ini kepada anaknya. Waktu yang kian berlalu melihat dunia ini menjadi tepu dengan dosa. Maka bagaimana manusia yang menjadi anak syaitan, boleh memulihkan hubungannya dengan Tuhan?

Tuhan tahu daripada awal bahawa manusia akan berdosa. Oleh itu, Dia menyediakan rezeki penyelamatan-Nya dan menyembunyikannya. Penyelamatan manusia melalui Yesus Kristus merupakan rahsia tersembunyi sejak daripada awal zaman lagi. Maka Yesus Kristus yang tidak berdosa dan tanpa cacat cela, menerima sumpahan dan digantung pada salib untuk membuka laluan penyelamatan untuk manusia yang ditakdirkan untuk mati. Melalui tindakan kesalihan ini oleh Yesus Kristus, ramai orang yang dahulunya seorang pendosa telah dibebaskan daripada kematian dan memperoleh kehidupan.

Permulaan kebenaran adalah dengan percaya kepada Tuhan

"Kesalihan" adalah sejajar dengan sifat baik atau moral. Walau bagaimanapun, "kesalihan" menurut Tuhan adalah mentaati iman kerana penghormatan untuk-Nya, membuang dosa dan mentaati perintah-Nya (Pengkhutbah 12:13). Yang paling penting sekali, kitab Injil menggelar perbuatan tidak beriman dengan Tuhan sebagai dosa (Yohanes 16:9). Oleh itu, amalan ringkas beriman dengan Tuhan merupakan amal salih dan inilah syarat pertama yang perlu dimiliki seseorang untuk menjadi seorang yang salih.

Bagaimana boleh kita menggelar seseorang benar atau betul

jika orang tersebut mengabaikan dan mengkhianati ibu bapa yang melahirkannya? Orang ramai akan menuduh dia dan menggelarnya pendosa yang tidak kisah akan kemanusiaan. Sama juga, jika seseorang tidak akan beriman dengan Tuhan Pencipta yang mencipta kita, jika dia tidak akan menggelar-Nya Bapa, dan lebih-lebih lagi jika dia melayan syaitan yang paling dibenci Tuhan, maka hal ini menjadi dosa besar.

Oleh itu, untuk menjadi seorang yang salih, anda perlu beriman dengan Tuhan terlebih dahulu. Sama seperti Yesus yang benar-benar beriman dengan Tuhan dan memelihara setiap firman-Nya, kita juga perlu beriman dengan-Nya dan memelihara firman-Nya. Untuk beriman dengan Tuhan bermakna beriman dengan hakikat bahawa Tuhan adalah Tuhan segala ciptaan yang mencipta seluruh alam semesta dan kita, dan satu-satunya yang mengawal kehidupan dan kematian manusia. Ia juga tentang beriman dengan hakikat bahawa Tuhan wujud dengan sendiri, bahawa Dia yang pertama dan yang terakhir, permulaan dan pengakhiran. Ia tentang beriman bahawa Dia merupakan hakim sebenar yang menyediakan Syurga dan Neraka dan yang akan menghakimi setiap orang dengan keadilan. Tuhan menghantar satu-satunya Anak-Nya iaitu Yesus Kristus ke dunia ini untuk membuka jalan penyelamatan untuk kita. Oleh itu, beriman dengan Yesus Kristus dan menerima penyelamatan adalah beriman dengan Tuhan.

Maka ada sesuatu yang diminta Tuhan daripada semua anak-Nya yang masuk melalui pintu penyelamatan. Di dunia ini, penduduk negara tertentu perlu mematuhi undang-undang negara tersebut. Dalam cara yang sama, jika anda menjadi penduduk Syurga, anda perlu mentaati hukum Syurga iaitu Firman Tuhan yang merupakan kebenaran. Misalnya, semenjak Keluaran 20:8 menyatakan, "Ingatlah dan kuduskanlah hari Sabat," anda sepatutnya mentaati hukum Tuhan dan menjadikannya keutamaan teratas dengan memelihara seluruh hari Sabat dan bukan berkompromi dengan dunia. Kita perlu berbuat demikian kerana Tuhan menganggap iman dan ketaatan sebegini sebagai kesalihan.

Melalui Yesus Kristus, Tuhan memberi pencerahan kepada kita tentang hukum kesalihan yang membimbing kita kepada kehidupan. Jika kita mentaati hukum ini dengan menjadi salih, kita boleh pergi ke Syurga dan kita boleh menerima kasih dan rahmat Tuhan.

Kebenaran Yesus Kristus yang kita mesti teladani

Yesus sekalipun yang merupakan Anak Tuhan, mencapai kesalihan dengan mentaati hukum Tuhan sepenuhnya. Lebih penting lagi, Dia tidak pernah menunjukkan sedikit pun kejahatan semasa berada di bumi. Disebabkan Dia dikandung oleh Roh Kudus, Dia tidak mempunyai dosa asli. Kerana Dia tidak mempunyai fikiran atau apa-apa yang jahat, Dia juga tidak berdosa.

Lazimnya, ramai orang menunjukkan amalan jahat kerana mereka mempunyai fikiran tanpa hukum. Orang yang tamak mungkin akan berfikir, "Bagaimana saya boleh kaya? Apakah cara untuk mengambil harta orang itu dan menjadikannya milik saya?" Maka orang sebegini akan menanam fikiran ini dalam hati mereka. Apabila hatinya gelisah, kemungkinan besar dia akan berbuat jahat. Disebabkan dia mempunyai sifat tamak dalam hatinya, dia digoda Iblis melalui fikirannya dan apabila dia termakan godaan ini, akhirnya dia berbuat jahat seperti menipu, menyeleweng dan mencuri.

Ayub 15:35 menyatakan, "Mereka menghamilkan bencana dan melahirkan kejahatan, dan tipu daya dikandung hati mereka." Dalam Kejadian 6:5, ada menyatakan bahawa sebelum penghakiman Tuhan akan dunia ini melalui banjir, kefasikan manusia dahsyat di dunia dan setiap niat fikiran, hati manusia terus-menerus jahat. Disebabkan hati itu jahat, maka minda juga menjadi jahat. Walau bagaimanapun, jika tiada kejahatan dalam hati kita, maka Iblis tidak boleh bekerja melalui fikiran untuk menggoda kita. Sama seperti yang tertulis bahawa perkara yang keluar daripada mulut datang daripada hati (Matius 15:18), jika hati tiada kejahatan, tidak mungkin fikiran atau amalan jahat boleh terhasil.

Yesus yang tidak mempunyai dosa asli mahupun dosa sendiri, memiliki hati yang suci. Oleh itu, segala amalan-Nya sentiasa baik. Disebabkan hati-Nya yang salih, Dia hanya mempunyai fikiran salih dan Dia hanya beramal salih. Untuk kita menjadi orang salih, kita perlu melindungi fikiran kita dengan membuang kejahatan dalam hati kita dan kemudian, tindakan kita juga akan menjadi baik sepenuhnya.

Jika kita mentaati dan melakukan apa yang diarahkan dalam kitab Injil "Buat, jangan buat, pelihara dan buang," hati Tuhan atau kebenaran, akan tinggal dalam hati kita agar kita tidak berdosa dengan fikiran sendiri. Amalan kita juga akan menjadi baik sepenuhnya dengan menerima bimbingan dan arahan daripada Roh Kudus. Tuhan berfirman 'pelihara kesucian hari Ahad', maka kita pelihara kesucian hari Ahad. Dia berfirman 'doa, kasih-mengasihi dan sebarkan perkhabaran Injil', maka kita berdoa, kasih-mengasihi dan sebarkan perkhabaran Injil. Dia mengarahkan kita untuk tidak mencuri atau berzina, maka kita jangan lakukan perkara sebegini.

Disebabkan Dia memerintahkan kita untuk membuang bentuk kejahatan sekalipun, kita terus membuang ketidakbenaran seperti rasa iri hati, cemburu, benci, zina, penipuan, dll. Jika kita mentaati Firman Tuhan, maka ketidakbenaran dalam hati akan hilang dan hanya tinggal kebenaran. Jika kita mencabut akar pahit dosa daripada hati kita, dosa tidak lagi boleh memasuki diri kita melalui fikiran. Oleh itu, apa-apa yang kita lihat, kita lihat dengan kebaikan dan apa-apa yang kita katakan dan amalkan juga berlaku disebabkan kebaikan yang datang daripada hati kita.

Amsal 4:23 menyatakan, "Jagalah hatimu dengan segala kewaspadaan, kerana dari situlah terpancar kehidupan." Kesalihan yang membimbing kepada kehidupan atau sumber kehidupan, datang daripada melindungi hati. Untuk kita memperoleh kehidupan, kita perlu memelihara kesalihan, iaitu kebenaran dalam hati kita dan mentaatinya. Kerana itulah sangat penting untuk kita memelihara minda dan hati sendiri.

Namun, disebabkan terdapat begitu banyak kejahatan dalam diri, kita tidak mungkin dapat mengeluarkan kesemuanya hanya dengan kudrat kita sendiri. Selain daripada usaha kita untuk membuang dosa, kita juga memerlukan kuasa Roh Kudus. Disebabkan itulah kita memerlukan doa. Apabila kita berdoa dengan doa yang bersemangat, hawa kurnia dan kuasa Tuhan diturunkan kepada kita dan kita dipenuhi dengan Roh Kudus. Inilah masanya untuk kita membuang dosa tersebut!

Yakobus 3:17 menyatakan, "Tetapi hikmat yang dari atas adalah pertama-tama murni..." Hal ini bermakna apabila kita membuang dosa hati kita dan fokus hanya kepada kesalihan, maka hikmah daripada atas menimpa kita. Tidak kira betapa besarnya hikmah di dunia ini, ia tidak akan terbanding dengan hikmah yang datang dari atas. Hikmah dunia ini datang daripada manusia, ia terhad dan tidak boleh meramal sesaat pun akan masa depan. Walau bagaimanapun, hikmah yang datang dari atas dihantar oleh Tuhan Maha Kuasa agar kita boleh tahu akan perkara yang akan berlaku pada masa depan sekalipun dan bersedia untuknya.

Dalam Lukas 2:40 ada menyatakan bahawa Yesus 'membesar dan menjadi kuat, makin berhikmah'. Ada tercatat bahawa pada waktu Dia berumur dua belas tahun, Dia begitu berhikmah sehinggakan Rabai yang mempunyai pengetahuan Hukum secara menyeluruh sekalipun kagum akan hikmah-Nya. Disebabkan minda Yesus hanya tertumpu kepada kesalihan, Dia menerima hikmah dari atas.

1 Petrus 2:22-23 menyatakan, "...Ia tidak berbuat dosa, dan tipu tidak ada dalam mulut-Nya. Ketika Ia dicaci maki, Ia tidak

membalas dengan mencaci maki; ketika Ia menderita, Ia tidak mengancam..." Daripada ayat ini, kita boleh melihat hati Yesus. Dalam Yohanes 4:34 pula, Yesus bersabda, "Makanan-Ku ialah melakukan kehendak Dia yang mengutus Aku. Makanan-Ku adalah menyelesaikan pekerjaan yang diberikan-Nya kepada-Ku." Disebabkan hati dan minda Yesus hanya tertumpu kepada kesalihan, semua amalan-Nya sentiasa sempurna.

Yesus bukan sahaja taat dalam melakukan kerja Tuhan, Dia juga taat dalam "segala isi rumah Tuhan." Walaupun semasa dia nazak di salib, Dia menyerahkan Maria Perawan kepada Yohanes untuk memastikan dia dijaga. Maka, Yesus memenuhi tanggungjawab duniawi-Nya sebagai seorang manusia dengan sempurna sementara dia berdakwah akan perkhabaran Injil kerajaan syurga dan menyembuhkan orang sakit dengan kuasa Tuhan. Dia melengkapkan misi-Nya akhirnya dengan datang ke dunia ini dan mati di salib untuk menjaga dosa dan kelemahan manusia. Inilah cara dia menjadi Penyelamat umat manusia, Raja segala raja dan Tuan segala tuan.

Cara menjadi orang yang benar

Maka sebagai anak Tuhan, apa yang perlu kita lakukan? Kita perlu menjadi orang salih dengan mentaati hukum Tuhan melalui amalan kita. Disebabkan Yesus menjadi model utama untuk kita semua dengan memelihara dan mengamalkan semua hukum Tuhan, kita juga perlu berbuat demikian dengan mencontohi teladan-Nya.

Mengamalkan hukum Tuhan bermakna memelihara perintah-Nya dan statut-Nya. Sepuluh Perintah adalah contoh utama perintah Tuhan. Perintah boleh difikirkan sebagai semua perintah Tuhan yang terkandung dalam 66 buah kita Injil secara ringkas. Setiap Sepuluh Perintah mempunyai makna rohani yang mendalam. Apabila kita memahami makna sebenar setiap perintah dan mentaatinya, Tuhan menggelar kita salih.

Yesus berkata terdapat perintah yang paling besar dan utama. Perintah ini adalah untuk mengasihi Tuhan dengan sepenuh hati, jiwa dan minda kita. Kedua adalah untuk mengasihi jiran kita sebagaimana kita mengasihi diri kita (Matius 22:37-39).

Yesus memelihara dan mengamalkan semua perintah ini. Dia tidak pernah bertengkar atau berteriak. Yesus berdoa sepanjang masa, sama ada awal pagi atau sepanjang malam. Dia juga memelihara semua statut. 'Statut' merujuk kepada peraturan yang Tuhan tetapkan untuk kita, seperti memelihara Hari Paskah atau membayar zakat. Terdapat catatan Yesus pergi ke Yerusalem untuk melihat Hari Paskah, sama seperti orang Yahudi yang lain.

Orang Kristian yang merupakan orang Yahudi rohani, terus memelihara dan memerhatikan makna rohani ritual orang Yahudi. Orang Kristian menyunatkan hati mereka sama seperti sunat fizikal yang dilakukan pada zaman Perjanjian Lama. Mereka menyembah dari segi rohani dan kebenaran dalam khidmat sembahan, lantas menjaga makna rohani memberi korban kepada Tuhan dalam Perjanjian Lama. Apabila kita memelihara hukum Tuhan dan mengamalkannya, kita dapat menerima kehidupan sejati dan menjadi salih. Tuhan mengatasi kematian dan dibangkitkan semula; oleh itu, kita juga boleh menikmati kehidupan abadi dengan menawarkan diri untuk kebangkitan semula kesalihan.

Rahmat bagi orang yang benar

Pergaduhan, permusuhan dan penyakit menimpa kerana manusia tidak salih. Tidak mentaati hukum datang kerana tidak salih dan oleh itu, kesakitan dan penderitaan menimpa. Hal ini kerana ramai orang menerima kerja syaitan, bapa dosa. Jika tiada ketaatan hukum dan ketidaksalihan, maka tiada bencana, penderitaan atau kesukaran dan dunia ini akhirnya akan menjadi tempat yang cantik. Tambahan lagi, jika anda menjadi orang salih dalam mata Tuhan, anda akan menerima rahmat yang besar daripada-Nya. Anda akan menjadi orang yang hebat dan dirahmati yang sejati.

Ulangan 28:1-6 menyatakan perkara ini dengan terperinci: "Jika engkau baik-baik mendengarkan suara TUHAN, Tuhanmu, dan melakukan dengan setia segala perintah-Nya yang ku sampaikan kepadamu pada hari ini, maka TUHAN, Tuhanmu, akan mengangkat engkau di atas segala bangsa di bumi. Segala berkat ini akan datang kepadamu dan menjadi bagianmu, jika engkau mendengarkan suara TUHAN, Tuhanmu: Diberkatilah engkau di kota dan diberkatilah engkau di ladang. Diberkatilah buah kandunganmu, hasil bumimu dan hasil ternakmu, yakni anak lembu sapimu dan kandungan kambing dombamu. Diberkatilah bakulmu dan tempat adunanmu. Diberkatilah engkau pada waktu masuk dan diberkatilah engkau pada waktu keluar."

Selain itu, dalam Keluaran 15:26, Tuhan berjanji bahawa jika kita melakukan perkara yang benar pada pandangan Tuhan, Dia tidak akan menurunkan penyakit kepada kita yang sudah menimpa orang Mesir. Oleh itu, jika kita lakukan perkara yang salih pada pandangan Tuhan, maka kita akan sihat. Kita boleh makmur dalam segala aspek kehidupan dan mengalami kegembiraan dan rahmat abadi.

Kita sudah melihat apakah kesalihan pada pandangan Tuhan. Sekarang, dengan bertindak mengikut hukum Tuhan dan statut tanpa cacat cela dan hidup salih pada pandangan Tuhan, saya harap anda dapat mengalami kasih dan rahmat Tuhan sepenuhnya!

Glosari

Iman dan yang benar

Terdapat dua jenis iman: 'iman rohani' dan 'iman daging'. Mempunyai 'iman daging' adalah hanya dapat mempercayai perkara yang kebetulan sama dengan pengetahuan dan fikiran seseorang. Iman jenis ini merupakan iman tanpa amalan. Oleh itu, ia iman mati yang tidak diakui Tuhan. Memiliki 'iman rohani' adalah dapat beriman dengan segala-gala perkara yang datang daripada Firman Tuhan, walaupun ia tidak kebetulan sama dengan pengetahuan atau fikiran seseorang. Dengan iman sebegini, seseorang beramal mengikut Firman Tuhan.

Seseorang hanya boleh memiliki iman sebegini jika Tuhan mengurniakannya kepada dia dan setiap orang mempunyai ukuran iman yang berbeza (Roma 12:3). Umumnya, iman boleh dikategorikan daripada tahap satu sehingga lima: pada iman tahap pertama, seseorang perlu beriman untuk menerima penyelamatan, pada tahap kedua, seseorang cuba untuk beramal mengikut Firman Tuhan, pada tahap ketiga, seseorang boleh beramal sepenuhnya dengan Firman, pada tahap keempat, seseorang menjadi kudus dengan membuang dosa dan mengasihi Tuhan sepenuhnya dan pada tahap kelima, seseorang beriman untuk menggembirakan Tuhan sepenuhnya.

'Yang benar' merujuk kepada orang yang salih.

Apabila kita menerima Yesus Kristus dan diampunkan daripada dosa kita melalui darah-Nya yang berharga, maka kita benar. Hal ini bermakna kita benar dengan iman kita. Apabila kita membuang kejahatan atau ketidakbenaran daripada hati kita dan kita berusaha untuk beramal dengan kebenaran, menurut Firman Tuhan, kita boleh bertukar menjadi orang salih yang diakui Tuhan sebagai salih. Tuhan sangat gembira akan orang salih sebegini dan Dia memakbulkan semua doa mereka (Yakobus 5:16).

Bab 7

Orang yang Benar akan Hidup Berdasarkan Keimanan

"Sebab di dalamnya nyata kebenaran Tuhan, yang bertolak dari iman dan memimpin kepada iman, seperti ada tertulis, 'Orang benar akan hidup oleh iman.'"
(Roma 1:17-24)

Apabila seseorang melakukan amalan baik terhadap anak yatim, balu atau jiran yang dalam kesusahan, orang akan menggelarnya orang yang baik atau benar. Apabila seseorang kelihatan lemah lembut dan baik, mematuhi peraturan, tidak mudah marah, sabar dengan senyap, orang akan memujinya dan berkata, "Dia tak perlukan peraturan untuk hidup." Jadi adakah ini bermakna orang seperti ini adalah orang yang benar?

Yosea 14:9 menyatakan, "Barang siapa yang bijak, biarkan dia memahami perkara ini; barang siapa yang bijak, kenalkan mereka. Sebab jalan TUHAN adalah benar, dan orang-orang benar akan berjalan di dalamnya, tetapi orang-orang yang melampaui akan tersandung di dalamnya." Ini bermakna orang yang mematuhi perintah Tuhan adalah orang yang benar.

Tambahan lagi, Lukas 1:5-6 berkata, "Pada zaman Herodes,

raja Yudea, adalah seorang imam yang bernama Zakharia dari rombongan Abia; dan dia mempunyai seorang isteri dari anak perempuan Harun, namanya Elisabet. Mereka kedua-duanya benar di hadapan Tuhan, tidak bercela dalam segala perintah dan kehendak Tuhan." Ini bermakna orang yang beriman ketika dia mengamalkan perintah Tuhan, yakni semua perintah dan ketetapan Tuhan.

Untuk menjadi orang yang betul-betul benar

Walau bagaimanapun usaha seseorang untuk menjadi benar, tiada siapa yang benar kerana semua orang mempunyai dosa asal yang diberikan dari moyangnya dan dosa yang dilakukan oleh diri atau dikenali sebagai dosa sebenar. Roma 3:10 berkata, "Tidak ada seorang pun yang benar, tidak ada seorang pun." Satu-satunya manusia yang benar adalah Yesus Kristus.

Yesus yang tidak memiliki dosa asal atau dosa yang dilakukan oleh diri, Dia menumpahkan darah-Nya disalib untuk membayar dosa kita, kemudian Dia bangkit semula dan menjadi Juruselamat kita. Ketika kita mempercayai Yesus Kristus yang merupakan jalan, kebenaran dan kehidupan, apabila dosa kita dibersihkan, dan kita dibela. Walau bagaimanapun, oleh kerana kita dibela oleh keimanan, itu tidak bermakna kita telah selesai. Ya, apabila kita mempercayai Yesus Kristus, kita diampunkan dosa dan dibela; walau bagaimanapun, kita masih memiliki sifat berdosa dalam hati.

Itu sebabnya Roma 2:13 menyatakan, "Kerana bukanlah orang yang mendengar hukum Taurat yang benar di hadapan Tuhan, tetapi orang yang melakukan hukum Tauratlah yang akan dibenarkan." Ia bermakna jika kita dibela oleh keimanan, kita boleh menjadi orang yang benar beriman apabila kita mengubah hati jahat kepada hati kebenaran dengan bertindak mengikut Firman Tuhan.

Dalam zaman Perjanjian Lama, sebelum Roh Kudus datang, orang tidak dapat membuang dosa mereka sepenuhnya. Jadi jika mereka tidak berdosa dengan perbuatan, mereka tidak dianggap orang yang berdosa. Itu sewaktu zaman Taurat, di mana orang dibalas dengan sama rata. Walau bagaimanapun, Tuhan mahu penyucian hati—membuang kejahatan atau sifat berdosa dari hati dan mengamalkan kasih sayang dan belas kasihan. Jadi orang di zaman Perjanjian lama tidak sama seperti zaman Perjanjian Baru yang menerima Yesus Kristus akan mendapat Roh Kudus sebagai hadiah dan mereka dapat membuang sifat berdosa dari hati dengan bantuan Roh Kudus. Manusia tidak boleh membuang dosa dan menjadi benar dengan kuasanya sendiri. Inilah tujuan Roh Kudus datang.

Oleh itu, kita memerlukan bantuan Roh Kudus untuk menjadi orang benar yang sejati. Apabila kita berteriak kepada Tuhan dalam doa untuk menjadi orang yang beriman, Tuhan memberikan rahmat dan kekuatan kepada kita, Roh Kudus juga membantu kita. Jadi kita pasti dapat melawan dosa dan membuang akar sifat berdosa dari hati kita! Semakin banyak kita membuang dosa, kita akan dikuduskan dan mencapai ukuran penuh keimanan dengan bantuan Roh Kudus, kita akan menerima lebih banyak kasih sayang Tuhan dan menjadi orang yang benar.

Mengapakah kita mesti menjadi orang yang benar?

Anda boleh bertanya, "Perlukah saya menjadi orang yang benar? Bolehkah saya mempercayai Yesus sehingga ke suatu tahap dan menjalani kehidupan normal?" Namun Tuhan memberitahu kita di dalam Wahyu 3:15-16, "Aku tahu segala pekerjaanmu: engkau tidak dingin dan tidak panas; alangkah baiknya jika engkau dingin atau panas. Jadi kerana engkau suam-suam kuku, dan tidak dingin atau panas, Aku akan memuntahkan engkau dari mulut-Ku."

Tuhan tidak menyukai 'iman yang biasa'. Iman yang lemah adalah berbahaya kerana sangat sukar untuk menjaga iman dalam jangka waktu yang panjang. Akhirnya, iman seperti ini menjadi sejuk. Sama seperti air suam. Jika anda membiarkan ia, tidak lama kemudian ia menjadi sejuk. Tuhan berkata Dia akan memuntahkan orang dengan iman seperti ini. Ini bermakna orang dengan iman seperti ini tidak boleh diselamatkan.

Jadi mengapakah kita perlu menjadi orang yang benar? Seperti yang ditulis dalam Roma 6:23 "Kerana upah dosa ialah kematian", orang yang berdosa milik syaitan dan berjalan ke arah kematian. Oleh itu orang yang berdosa harus bertaubat dan menjadi benar. Selepas itu barulah orang berdosa bebas daripada ujian, kesusahan, dan kesakitan yang diberikan oleh syaitan kepadanya. Manusia yang hidup di dunia ini pasti akan melalui situasi yang sukar seperti sakit, kemalangan dan kematian. Walau bagaimanapun, jika seseorang itu beriman, dia tiada kaitan dengan semua ini.

Oleh itu, kita perlu mematuhi firman Tuhan dan menjaga perintah-Nya. Jika kita hidup dengan benar, kita boleh menerima semua keberkatan yang dinyatakan dalam Ulangan bab 28. Dan sebagaimana jiwa kita makmur, kita akan makmur dalam semua aspek dan menjadi sihat.

Namun sebelum anda menjadi orang benar yang dapat menerima segala rahmat ini, kesusahan akan dihadapi. Sebagai contoh, atlet berlatih dengan bersungguh-sungguh untuk memenangi pingat emas di Olimpik. Sama juga, Tuhan akan membenarkan anak-Nya untuk menghadapi ujian dan kesukaran tertentu sedikit demi sedikit dalam kemampuan mereka untuk mengukur keimanan supaya iman mereka menjadi lebih makmur.

Tuhan memberitahu Abram untuk meninggalkan rumah bapanya dan berkata "Berjalan di hadapan Aku dan jadi tidak bersalah" (Kejadian 17:1). Tuhan melatih dan membimbing dia untuk menjadi orang yang benar. Akhirnya, selepas Abram lulus ujian terakhir untuk mengorbankan anaknya Ishak sebagai persembahan bakaran kepada Tuhan, ujian pun tamat. Selepas itu, Abram diberkati setiap masa dan semua perkara menjadi mudah baginya.

Tuhan melatih kita untuk meningkatkan keimanan dan menjadikan kita orang yang benar. Apabila setiap orang melepasi setiap ujian, Tuhan memberkati dan membimbing dia untuk memiliki iman yang lebih tinggi. Melalui proses ini, kita menyemai hati Tuhan.

Kejayaan yang kita terima di Syurga mempunyai perbezaan, ia bergantung bilangan dosa yang kita buang dan sejauh mana hati kita menyamai Kristus. Seperti yang tertulis dalam 1 Korintus 15: 41, "Terdapat satu kejayaan matahari, dan kejayaan bulan, dan kejayaan bintang yang lain; kerana bintang berbeza dari bintang dalam kejayaan," tahap kejayaan yang kita terima di Syurga bergantung kepada sejauh mana iman kita di dunia ini.

Tuhan mahukan anak yang memiliki kelayakan sebenar untuk menjadi anak-Nya—orang yang memiliki hati Tuhan. Orang ini akan memasuki Yerusalem Baru iaitu lokasi takhta Tuhan, mereka juga akan tinggal di tempat kejayaan yang bercahaya seperti matahari.

Orang yang benar akan hidup berdasarkan keimanan

Jadi bagaimana kita patut hidup untuk menjadi orang yang beriman? Kita perlu hidup dengan keimanan seperti yang tertulis dalam Roma 1:17, "Tetapi ornag yang benar akan hidup dengan keimanan." Kita boleh membahagikan iman kepada dua kategori utama: iman duniawi dan iman rohani. Iman duniawi adalah iman berdasarkan pengetahuan atau sebab.

Apabila seorang lelaki dilahirkan dan dibesarkan, perkara yang dilihat, didengar dan dipelajari dari ibu bapa, guru, jiran dan kawan-awan menjadi pengetahuan yang disimpan sebagai memori dalam otaknya. Jika seseorang hanya mempercayai sesuatu yang selari dengan pengetahuan yang dimiliki, ini dipanggil iman duniawi. Orang yang memiliki iman ini percaya bahawa sesuatu boleh dicipta daripada perkara yang telah wujud. Namun mereka tidak percaya atau menerima penciptaan sesuatu dari tiada.

Sebagai contoh, mereka tidak mempercayai Tuhan mencipta syurga dan bumi dengan Firman. Mereka tidak dapat mempercayai kejadian Yesus menenangkan ribut dengan menegur angin dan mengarahkan laut, "Duduk diam" (Markus 4:39). Tuhan membuka mulut keldai dan membolehkan ia berbicara. Dia membenarkan Musa membelah Laut Merah dengan tongkatnya. Dia meruntuhkan dinding Yerikho selepas orang Israel hanya mara di sekitar dan menjerit. Peristiwa ini tidak masuk akal langsung bagi pengetahuan dan pandangan orang biasa.

Bagaimanakah laut boleh terbelah hanya kerana seseorang mengangkat tongkat ke arahnya? Walau bagaimanapun, jika Tuhan—bagi-Nya tiada perkara yang mustahil—melakukannya, ia pasti akan berlaku! Orang yang mengaku beriman kepada Tuhan dan tidak mempunyai iman rohani tidak akan mempercayai peristiwa ini benar-benar berlaku. Jadi orang yang mempunyai iman duniawi tidak mempunyai keimanan untuk mempercayai, jadi sudah tentu mereka tidak dapat mematuhi firman Tuhan. Oleh itu mereka tidak dapat menerima jawapan kepada doa dan tidak dapat menerima penyelamatan. Inilah sebab iman mereka dipanggil 'iman yang mati'.

Sebaliknya, iman rohani—iman untuk mempercayai penciptaan

sesuatu dari tiada—ia dipanggil 'iman yang hidup'. Orang yang memiliki iman ini akan menghancurkan fikiran daging, mereka tidak cuba untuk memahami situasi atau kejadian hanya berdasarkan pengetahuan dan fikiran mereka sendiri. Orang yang memiliki iman rohani mempunyai iman untuk menerima Alkitab dengan mudah. Iman rohani adalah iman yang mempercayai sesuatu yang mustahil. Ia dipanggil 'iman yang hidup' kerana ia membimbing manusia kepada penyelamatan. Jika anda ingin menjadi orang yang benar, anda perlu memiliki iman rohani.

Cara untuk memiliki keimanan rohani

Kita perlu membuang segala fikiran dan teori dalam minda yang mengganggu usaha kita untuk mendapatkan iman rohani. Seperti yang tertulis dalam 2 Korintus 10:5, kita mesti memusnahkan spekulasi dan setiap perkara yang dibangkitkan menentang pengetahuan Tuhan, dan kita mesti mengambil segala fikiran dan menaklukkannya kepada ketaatan Kristus.

Pengetahuan, teori, akal dan nilai yang dipelajari seseorang dari kecil tidak sentiasa benar. Hanya Firman Tuhan merupakan kebenaran yang mutlak dan berkekalan. Jika kita berkeras mengatakan pengetahuan dan teori manusia yang terhad ini benar, maka tiada cara untuk kita menerima Firman Tuhan sebagai kebenaran. Oleh itu, kita tidak akan dapat mendapatkan iman rohani. Itulah sebab ia sangat penting untuk kita memecahkan fikiran seperti ini.

Tambahan pula, kita mesti berusaha mendengar firman Tuhan untuk memiliki iman rohani. Roma 10:17 berkata keimanan datang dari pendengaran; jadi kita mesti mendengar firman Tuhan. Jika kita tidak mendengar firman Tuhan, kita tidak tahu tentang kebenaran—jadi iman rohani tidak dapat wujud di dalam diri kita.

Selepas kita mendengar firman Tuhan atau testimoni orang lain yang dalam perkhidmatan penyembahan dan perjumpaan gereja, iman akan timbul dalam diri kita walaupun ia mungkin iman sebagai pengetahuan.

Kemudian, kita perlu mengamalkan firman Tuhan untuk mengubah iman berasaskan pengetahuan ini. Seperti yang ditulis dalam Yakobus 2:22, iman berfungsi dengan tindakan manusia, dan hasil bagi tindakan itu, iman disempurnakan.

Seseorang yang mencintai besbol tidak boleh menjadi pemain besbol yang hebat kerana dia membaca banyak buku mengenai besbol. Jika dia mengumpulkan pengetahuan, dia mesti menjalani latihan berat mengikut pengetahuan yang diperoleh untuk menjadi pemain besbol yang hebat. Sama juga, tidak kira berapa kali anda membaca Alkitab, jika anda tidak mengamalkannya, iman anda akan kekal sebagai iman berasaskan pengetahuan dan tidak akan mendapat iman rohani. Apabila anda mengamalkan apa yang didengari, inilah saat Tuhan memberikan iman rohani kepada anda—iman untuk benar-benar mempercayai dari lubuk hati anda.

Jadi apabila seseorang itu benar-benar mempercayai dari hatinya, firman Tuhan berkata "Berseronoklah selalu; berdoa tanpa berhenti; dalam segalanya berikan kesyukuran", apakah tindakan yang akan diambil olehnya? Sudah tentu, dia akan berseronok dalam situasi yang seronok. Namun dia juga akan berseronok apabila situasi yang sukar berlaku. Dia akan melakukan segalanya kepada tangan Tuhan dengan seronok. Tidak kira kesibukannya, dia akan memberikan masa untuk berdoa. Tidak kira keadaan yang dilalui, dia akan sentiasa mengucap syukur, mempercayai doanya akan dijawab kerana dia mempercayai Tuhan yang Berkuasa.

Dengan cara ini, apabila kita mematuhi firman Tuhan, Dia akan menyukai keimanan kita dan mengambil ujian serta kesusahan, menjawab doa kita supaya kita mempunyai sebab untuk berseronok dan mengucap syukur. Apabila kita berdoa bersungguh-sungguh, membuang kejahatan dari hati dengan bantuan Roh Kudus, kemudian kita bertindak mengikut firman Tuhan, iman kita yang berasaskan pengetahuan menjadi asas di mana Tuhan memberikan kita iman rohani.

Jika kita mempunyai iman rohani, kita akan mematuhi firman Tuhan. Apabila kita mencuba dengan iman untuk melakukan perkara yang kita tidak mampu, Tuhan akan membantu kita untuk melakukannya. Inilah sebab penerimaan rahmat kewangan sangat mudah. Seperti yang direkodkan dalam Maleakhi 3:10, semasa kami memberikan persepuluhan, Tuhan melimpahkan rahmat yang besar kepada kami sehingga bilik simpanan kami akan melimpah! Kita akan mendapat hasil 30, 60. 100 kali ganda kerana kita percaya, justeru itu kita dapat mengambil hasil dengan seronok. Inilah cara orang yang benar menerima kasih sayang dan rahmat Tuhan.

Cara hidup berdasarkan keimanan

Dalam kehidupan seharian kita, kita menemui 'Laut Merah' yang berdiri di hadapan kita, 'Kota Yericho' yang kita mesti diruntuhkan, dan 'Sungai Yordan' yang banjir. Apabila masalah ini tiba di hadapan kita, berjalan dengan kebenaran adalah hidup dengan keimanan. Sebagai contoh bagi orang yang mempunyai iman duniawi, jika seseorang menyerang kita, pasti kita mahu membalas atau membenci orang itu. Namun jika kita memiliki iman rohani, kita tidak akan membenci orang itu, sebaliknya kita menyayangi orang tersebut. Apabila kita memiliki iman yang hidup seperti ini—iman yang mengamalkan firman Tuhan—syaitan akan lari dan semua masalah kita akan diselesaikan.

Orang benar yang hidup dengan keimanan akan mencintai Tuhan, mematuhi dan memelihara perintah-Nya serta bertindak mengikut kebenaran. Kadang-kala orang bertanya, "Bagaimanakah kita dapat memelihara semua perintah?" Sebagaimana seorang anak perlu menghormati ibu bapanya, suami dan isteri mencintai antara satu sama lain, jika kita memanggil diri kita anak Tuhan, kita perlu memelihara perintah-Nya.

Orang yang baru beriman dan menghadiri gereja, pada mulanya mungkin agak sukar kerana mereka perlu menutup kedai pada hari Ahad. Mereka mendengar Tuhan memberkati mereka jika mereka memelihara Sabat dengan menutup kedai pada hari Ahad, tetapi pada mulanya mungkin agak sukar untuk mempercayainya. Jadi dalam beberapa kes, mereka hanya menghadiri perkhidmatan pagi Ahad dan membuka kedai pada waktu tengah hari.

Bagi orang beriman yang lebih matang, keuntungan bukanlah satu masalah untuk mereka. Mereka mengutamakan pematuhan kepada firman Tuhan, jadi mereka mematuhi dengan menutup kedai pada hari Ahad. Kemudian Tuhan melihat keimanan mereka dan memastikan mereka mendapat keuntungan lebih daripada yang mereka terima jika mereka membuka kedai pada hari Ahad. Seperti yang dijanjikan Tuhan, Dia akan melindungi mereka dari kerugian, Dia akan merahmati mereka dengan ditekan, digoncang dan dilanggar.

Ini juga digunakan untuk membuang dosa. Dosa seperti kebencian, iri hati dan tamak sukar untuk dibuang, tetapi ia boleh dibuang jika kita berdoa bersungguh-sungguh. Dari pengalaman peribadi saya, saya dapat membuang dosa yang sukar untuk dibuang melalui doa dengan berpuasa. Jika berpuasa selama tiga hari tidak berkesan, saya berpuasa selama lima hari. Jika ia masih tidak berkesan, saya cuba berpuasa tujuh hari, dan kemudian sepuluh hari. Saya berpuasa sehingga dosa telah dibuang. Kemudian, saya baru perasan diri saya membuang dosa untuk mengelakkan berpuasa!

Jika kita dapat membuang beberapa dosa yang paling sukar untuk dibuang, jadi dosa lain akan menjadi mudah untuk dibuang. Ia seperti menarik pokok dari akarnya. Jika kita menarik akar utama, akar kecil yang lain keluar bersama dengannya.

Jika kita mencintai Tuhan, kita memelihara perintah Tuhan dengan lebih mudah. Bagaimanakah seseorang itu boleh mencintai Tuhan dan tidak mematuhi firman-Nya? Mencintai Tuhan bermakna mematuhi perintah-Nya. Jadi jika anda menyayangi Tuhan, anda boleh memelihara semua perintah-Nya. Adakah masalah anda semakin banyak seperti Laut Merah atau seperti bandar Yerikho?

Jika kita mempunyai keimanan rohani, mengamalkannya dalam tindakan, berjalan ke jalan kebenaran, maka Tuhan akan menyelesaikan semua masalah dan menarik kesengsaraan kita. Jika kita menjadi lebih benar, masalah kita akan diselesaikan dengan lebih cepat dan doa akan dijawab dengan lebih cepat! Akhirnya, Saya berharap anda dapat menikmati hidup yang indah bukan sahaja di dunia ini, tetapi juga berkat abadi di Syurga, berarak dengan iman sebagai orang yang benar milik Tuhan!

Glosari

Pemikiran, Teori dan Rangka Minda

'Pemikiran' melalui pengendalian jiwa, untuk mengeluarkan pengetahuan yang disimpan dalam organ memori iaitu otak. Pemikiran ini boleh dikategorikan kepada dua bahagian: pemikiran daging yang melawan Tuhan, dan pemikiran rohani yang diredhai Tuhan. Di antara pengetahuan yang disimpan dalam ingatan kita, jika kita memilih kebenaran, kita akan memiliki pemikiran rohani. Sebaliknya, jika kita memilih kejahatan, kita akan memiliki pemikiran daging.

'Teori' ialah logik yang dikukuhkan berdasarkan pengetahuan yang diperoleh oleh seseorang melalui pengalaman, akal atau pembelajaran. Teori bergantung kepada setiap pengalaman, pemikiran atau zaman seseorang itu. Ia mencipta pergaduhan dan selalunya melawan firman Tuhan.

'Rangka' ialah rangka minda di mana seseorang itu menganggap dirinya benar. Rangka ini dicipta sebagai kebenaran diri seseorang yang dikeraskan. Oleh itu, sesetengah personaliti orang menjadi rangka, dan sesetengah pula pengetahuan dan teori mereka boleh menjadi rangka. Kita perlu mendengar firman Tuhan dan memahami kebenaran untuk menemui rangka dalam minda dan memusnahkannya.

Bab 8

Untuk Kepatuhan Kristus

"Kita memang hidup di dunia, tetapi kami tidak berjuang dengan cara duniawi. Kami berperang dengan senjata-senjata yang berbeza dengan senjata dunia. Kami mempunyai kekuatan senjata dari Tuhan yang dapat membinasakan tempat-tempat musuh yang kuat. Kami mengalahkan perdebatan musuh. Dan kami mengalahkan semua kesombongan yang melawan pengetahuan tentang Tuhan. Kami menawan setiap fikiran dan membuatnya menyerah dan taat kepada Kristus. Kami siap menghukum setiap orang yang tidak taat, tetapi yang paling kami mahu, supaya kamu taat sepenuhnya."
(2 Korintus 10:3-6)

Jika kita menerima Yesus Kristus dan menjadi orang salih yang memiliki iman rohani, kita boleh menerima rahmat yang tidak disangka-sangka daripada Tuhan. Kita bukan setakat boleh memberi kemuliaan kepada Tuhan dengan melakukan kerja Tuhan dengan cara yang berkuasa, tetapi apa-apa yang kita minta dalam doa, Dia akan memakbulkan doa kita dan kita boleh hidup dengan makmur dalam semua cara.

Walau bagaimanapun, terdapat sesetengah orang yang mengaku beriman pada Tuhan, dan mereka masih tidak mentaati Firman Tuhan dan oleh itu, tidak boleh mencapai kesalihan Tuhan. Mereka mengaku berdoa dan bekerja keras untuk Tuhan, tetapi mereka tidak menerima rahmat dan mereka sering diuji, menghadapi kesukaran dan menghidap penyakit. Jika seseorang memiliki iman, ia perlu hidup mengikut Firman Tuhan dan menerima banyak rahmat-Nya. Tetapi mengapa orang beriman tidak boleh melakukan perkara ini? Hal ini kerana mereka terus memegang pada fikiran daging.

Fikiran badaniah yang jahat terhadap Tuhan

Istilah "daging" merujuk pada tubuh seseorang yang bergabung dengan sifat dosa. Sifat dosa ini adalah ketidakbenaran yang berada dalam hati seseorang yang tidak didedahkan dengan jelas sebagai tindakan. Apabila ketidakbenaran sebegini keluar dalam bentuk fikiran, fikiran sebegini digelar "fikiran daging". Apabila kita memiliki fikiran daging, kita tidak boleh mentaati kebenaran sepenuhnya. Roma 8:7 berkata, "Sebab keinginan daging adalah perseteruan terhadap Tuhan, kerana ia tidak takluk kepada hukum Tuhan; hal ini memang tidak mungkin baginya."

Maka, dengan lebih spesifik lagi, apakah yang dimaksudkan dengan fikiran daging? Terdapat dua jenis fikiran. Fikiran pertama yang membantu kita bertindak menurut kebenaran atau hukum Tuhan, dan yang lain adalah fikiran daging yang menghalang kita daripada bertindak menurut hukum Tuhan (Roma 8:6). Dengan memilih antara kebenaran dan ketidakbenaran, kita sama ada memiliki fikiran rohani atau fikiran daging.

Kadangkala, apabila kita melihat seseorang yang tidak disukai, kita mungkin ada rasa tidak suka terhadap orang tersebut mengikut perasaan kurang senang kita terhadapnya. Kita juga mungkin ada rasa untuk cuba menyukai orang tersebut. Jika kita melihat jiran kita yang mempunyai sesuatu yang sangat cantik, kita mungkin ada berfikir untuk mencuri barang itu daripadanya atau rasa bahawa kita tidak sepatutnya mengambil hak milik jiran kita. Fikiran yang seiring dengan hukum Tuhan iaitu "Kasihi jiran kamu", dan 'Jangan mencuri", ini merupakan fikiran rohani. Namun fikiran yang mencetuskan anda untuk membenci dan mencuri adalah bertentangan dengan hukum Tuhan dan oleh itu, merupakan fikiran daging.

Fikiran daging bertindak jahat terhadap Tuhan; oleh itu, ia membataskan perkembangan rohani dan menentang Tuhan. Jika kita menurut fikiran daging, kita semakin jauh daripada Tuhan, berserah kepada dunia sekular dan akhirnya, menghadapi ujian dan kesukaran. Terdapat banyak perkara yang kita lihat, dengar dan belajar daripada dunia ini. Kebanyakan daripada mereka menentang kehendak Tuhan dan merupakan gangguan kepada perjalanan kita dalam keimanan. Kita perlu sedar bahawa semua perkara ini adalah fikiran daging yang jahat terhadap Tuhan. Apabila kita sedar akan fikiran ini, kita perlu membuang semuanya. Tidak kiralah jika ia tampak betul bagi anda, jika ia tidak sejajar dengan kehendak Tuhan, ia fikiran daging dan oleh itu, jahat bagi Tuhan.

Mari kita pertimbangkan kes Petrus. Apabila Yesus memberitahu para pengikut tentang bagaimana Dia akan pergi ke Yerusalem untuk disalib dan kemudian dibangkitkan semula pada hari ketiga, Petrus berkata, "Tuhan, kiranya Tuhan menjauhkan hal itu! Hal itu sekali-kali takkan menimpa Engkau" (Matius 16:22). Tetapi, Yesus kemudian berkata, "Setan, pergilah dari Aku! Engkau cuba menghalang Aku. Engkau memikirkan jalan yang biasanya difikirkan orang. Engkau tidak melihat hal-hal menurut jalan Tuhan" (Matius 16:23).

Sebagai pengikut kanan Yesus, Petrus mengatakan begini kerana mengasihi gurunya. Tetapi, tanpa mengira betapa baiknya niat Petrus, kata-katanya bertentangan dengan kehendak Tuhan. Hal ini kerana kehendak Tuhan untuknya mengambil salib dan membuka pintu penyelamatan, Yesus membuang Iblis yang cuba mengalihkan perhatian Petrus melalui fikirannya. Akhirnya, apabila dia mengalami kematian dan kebangkitan semula Yesus, Petrus sedar betapa tidak bernilai dan jahatnya fikiran daging terhadap Tuhan dan dia benar-benar memusnahkan semua fikiran tersebut. Hasilnya, Petrus menjadi pemain utama dalam menyebarkan perkhabaran Injil Kristus dan membina gereja pertama sehingga kukuh.

"Menganggap Diri Sentiasa Betul"—salah satu daripada fikiran badaniah yang utama

Dalam kalangan semua fikiran daging yang berbeza, "kesalihan diri" adalah contoh utama. Secara ringkas, "kesalihan diri" adalah berhujah bahawa anda benar. Selepas seseorang dilahirkan, dia belajar banyak perkara daripada ibu bapa dan gurunya. Dia juga mempelajari perkara melalui rakannya dan pelbagai persekitaran yang didedahkan kepadanya.

Tetapi, tanpa mengira betapa hebatnya ibu bapa dan guru orang tersebut, ia tidak mudah untuk seseorang untuk belajar tentang kebenaran sahaja. Dia lebih berkemungkinan untuk belajar banyak perkara yang menentang kehendak Tuhan. Sudah tentulah semua orang cuba untuk mengajar apa yang dia rasa benar; walau bagaimanapun, apabila diperlihatkan pada standard kesalihan Tuhan, hampir semua perkara adalah ketidakbenaran. Sedikit sahaja merupakan kebenaran. Hal ini kerana tiada sesiapa yang bagus melainkan Tuhan seorang (Markus 10:18; Lukas 18:19).

Misalnya, Tuhan memerintahkan kita untuk membalas kejahatan dengan kebaikan. Dia memerintahkan kita untuk membalas kebaikan seseorang sebanyak dua kali ganda. Jika mereka mengambil kot kita, kita perlu berikan mereka kemeja kita. Dia mengajar kita bahawa orang yang memberi lebih baik; dan orang yang memberi dan berkorban adalah pemenang sebenar akhirnya. Tetapi ramai orang menyangka 'kesalihan' itu berbeza untuk setiap orang. Mereka mengajar bahawa kita perlu membalas kejahatan dengan kejahatan dan kita perlu menentang kejahatan sehinggalah akhirnya sehingga kita mengalahkannya.

Begini rupanya. Anak anda pergi ke rumah kawan mereka dan balik sambil menangis. Mukanya tampak seperti dicakar oleh kuku seseorang. Lazimnya, kebanyakan ibu bapa akan menjadi sangat marah dan mula menegur anak mereka. Dalam sesetengah kes serius, ibu bapa mungkin berkata, "Lain kali, jangan duduk diam saja. Lawan balik!" Mereka mengajar anak mereka bahawa dibuli adalah tanda kelemahan atau kekalahan.

Selain itu, terdapat orang yang mungkin menderita daripada penyakit. Tanpa mengira perasaan penjaga mereka, mereka mahu itu, mahu ini, mereka cuba menyelesakan diri sendiri. Daripada pandangan pesakit, kerana kesakitan mereka hebat maka mereka rasa mereka patut berkelakuan demikian. Walau bagaimanapun, Tuhan mengajar kita untuk tidak mencari manfaat untuk diri sendiri, tetapi mencari manfaat untuk orang lain. Inilah perbezaan pada fikiran manusia dan fikiran Tuhan. Standard kesalihan manusia dan standard kesalihan Tuhan adalah sangat berbeza.

Dalam Kejadian 37:2, kita lihat Yosef, yang melalui kesalihannya sendiri menyatakan kesalahan adik-beradiknya kepada bapanya dari masa ke masa. Daripada pandangannya, dia tidak suka tindakan tidak terkawal adik-beradiknya. Jika Yosef ada sedikit lagi kebaikan dalam hatinya, dia akan mencari hikmah Tuhan dan mendapatkan penyelesaian yang lebih baik dan aman kepada masalah ini tanpa menyusahkan adik-beradiknya. Walau bagaimanapun, disebabkan kesalihan dirinya, dia dibenci oleh adik-beradiknya dan melalui mereka, dia dijual kepada perhambaan ke Mesir. Maka dengan cara ini, jika anda menyinggung perasaan orang lain kerana apa yang anda rasa 'salih', maka anda mungkin mengalami balasan sebegini.

Walau bagaimanapun, apa yang terjadi kepada Yosef selepas dia sedar bahawa kesalihan Tuhan melalui ujian dan balasan yang dihadapi? Dia membuang kesalihan diri dan naik menjawat sebagai Perdana Menteri Mesir dan mendapat kuasa untuk memerintah ramai orang. Dia sehinggakan menyelamatkan keluarganya daripada kebuluran yang dahsyat, termasuklah adik-beradiknya sendiri yang menjualnya sebagai hamba. Dia juga mendalangi asas pembentukan negara Israel.

Hawari Paulus memusnahkan fikiran badaniahnya

Dalam Filipi 3:7-9, Paulus berkata, "Pada waktu itu, semuanya merupakan hal penting bagiku, tetapi sekarang aku memutuskan, bahawa hal itu tidak bererti kerana Kristus. Bukan hanya itu, sekarang aku menganggap semua itu tidak ada ertinya dibandingkan dengan besarnya nilai pengenalan akan Kristus Yesus, Tuhanku. Kerana Kristus, aku kehilangan semua yang aku anggap penting bagiku. Sekarang aku menganggap bahawa itu adalah sampah. Yang aku inginkan hanyalah memiliki Kristus, dan merasa pasti bahawa aku bersatu dengan Dia..."

Paulus merupakan seorang warganegara Roma yang dilahirkan di Tarsus, ibu kota Kilisia. Dengan memiliki kewarganegaraan Roma yang memerintah dunia pada waktu itu bermakna dia mempunyai kuasa sosial yang agak hebat. Selain itu, Paulus merupakan seorang Farisi ortodoks daripada suku kaum Benyamin (Kisah Para Rasul 22:3), dan dia mengaji di bawah Gamaliel, salah seorang sarjana terbaik pada zaman tersebut.

Sebagai seorang Yahudi yang bersemangat, Paulus berada di bahagian hadapan yang menghukum orang Kristian. Sebenarnya, dia dalam perjalanan ke Damsyik untuk menangkap orang Kristian yang berada di sana apabila dia bertemu dengan Yesus Kristus. Melalui pertemuan dengan Tuhan, Paulus sedar semua kesalahannya dan akhirnya benar-benar tahu bahawa Yesus Kristus-lah merupakan Penyelamat sebenar. Daripada waktu itu dan seterusnya, dia menolak pendidikan, nilai dan status sosialnya dan mengikuti Tuhan.

Selepas bertemu Yesus Kristus, apakah sebab Paulus tidak

menghiraukan semua perkara yang dahulunya dihargai? Dia sedar bahawa semua pengetahuannya datang daripada manusia, manusia biasa dan oleh itu, ia sangat terhad. Dia juga tahu bahawa manusia boleh memperoleh kehidupan dan menikmati kegembiraan abadi di Syurga dengan beriman pada Tuhan dan menerima Yesus Kristus dan permulaan pengetahuan dan semua pemahaman ini sebenarnya datang daripada Tuhan.

Paulus sedar bahawa pengetahuan sarjana dunia ini hanya penting untuk hidup di dunia, tetapi pengetahuan Yesus Kristus adalah bentuk pengetahuan yang paling mulia yang boleh menyelesaikan masalah asas manusia. Dia mendapat tahu bahawa dalam pengetahuan mengenali Yesus Kristus. terdapat kuasa dan autoriti, harta, maruah dan kekayaan tanpa had. Disebabkan kepercayaannya sangat teguh dalam hakikat ini, dia mengira semua pengetahuan sarjana dan pemahaman dunia ini sebagai kerugian dan sampah. Hal ini adalah untuk memperoleh Kristus dan ditemui dalam-Nya.

Jika seseorang yang degil berfikir, "Saya tahu", dan dia sangat angkuh dengan berfikir, "Saya sentiasa betul", maka dia tidak akan dapat mengetahui dirinya yang sebenar dan akan sentiasa berasa dia yang terbaik. Orang sebegini tidak akan mendengar kata-kata orang lain dengan hati yang rendah diri; maka dia tidak boleh belajar apa-apa dan dia tidak boleh memahami apa-apa. Walau bagaimanapun, Paulus bertemu Yesus Kristus iaitu guru terhebat sepanjang zaman. Untuk menjadikan ajaran-Nya untuk dirinya, dia membuang semua fikiran dagingnya yang pernah dianggap sebagai perkara yang betul secara mutlak. Hal ini kerana Paulus perlu membuang fikiran daging untuk memperoleh pengetahuan Kristus yang mulia.

Oleh itu, hawari Paulus dapat mencapai kesalihan yang menyenangkan Tuhan kerana dia mengaku "...tidak menjadi benar di hadapan Tuhan dari diriku sendiri berdasarkan Hukum, tetapi aku menjadi benar di hadapan Tuhan oleh iman dalam Kristus.

Tuhan membuat aku benar di hadapan-Nya sebab aku percaya dalam Kristus." (Filipi 3:9).

Kebenaran yang datang daripada Tuhan

Sebelum bertemu Tuhan, hawari Paulus menjaga Hukum dengan ketat dan dia menganggap dirinya salih. Namun, setelah bertemu Tuhan dan menerima Roh Kudus, dia menemui dirinya yang sebenar dan mengaku, "Kristus Yesus telah datang ke dunia ini untuk menyelamatkan orang berdosa. Di antaranya akulah orang yang paling berdosa" (1 Timotius 1:15). Dia sedar bahawa dosa asli dan dosa perbuatan sendiri/dosa sebenar dan dia belum lagi memenuhi kasih yang sejati dan rohani. Jika, daripada awal dia menjadi salih dan berjalan dengan iman yang menyenangi Tuhan, dia akan mengenali siapa Yesus sebenarnya dan menyembah-Nya daripada mula. Walau bagaimanapun, dia tidak mengenali Penyelamat dan akhirnya dia menghukum orang yang beriman dengan Yesus. Maka hakikatnya, dia tidak berbeza dengan orang Farisi yang memaku Yesus pada salib.

Pada zaman Perjanjian Lama, mereka perlu membalas kezaliman dengan kezaliman. Menurut Hukum, jika seseorang membunuh atau berzina, dia akan direjam sehingga mati. Namun orang Farisi tidak memahami hati sebenar Tuhan yang terkandung dalam Hukum. Mengapa Tuhan kasih sayang mahu mencipta peraturan sebegitu?

Pada zaman Perjanjian Lama, Roh Kudus tidak masuk ke hati manusia. Lebih sukar untuk mereka mengawal tindakan berbanding orang yang menerima Roh Kudus, Pembantu pada zaman Perjanjian Baharu. Oleh itu, dosa boleh tersebar dengan lebih pantas jika tiada pembalasan dan hanya pengampunan. Bagi sebab ini, untuk menghalang orang daripada melakukan doa dan menghalang dosa daripada tersebar, mereka perlu membalas kezaliman dengan kezaliman. Selain itu, pembunuhan dan zina adalah dosa yang sangat jahat, juga hanya dengan standard sekular. Orang yang melakukan dosa sebegini mempunyai hati yang sangat keras. Agak sukar untuk orang sebegini untuk berpaling daripada cara hidupnya. Oleh itu, kerana dia tidak boleh menerima penyelamatan dan dia akan masuk ke Neraka pun, maka lebih baik untuk dia direjam dengan batu dan biar hukuman ini menjadi amaran dan pengajaran untuk orang lain.

Ini juga merupakan kasih sayang Tuhan, tetapi Tuhan tidak pernah berniat atau mahu manusia mempunyai bentuk keimanan hukum di mana kezaliman perlu dibalas dengan kezaliman. Dalau Ulangan 10:16, Tuhan berfirman, "Sebab itu sunatlah hatimu dan janganlah lagi kamu tegar tengkuk." Yeremia 4:4 berkata, "Sunatlah dirimu bagi TUHAN dan jauhkanlah kulit khatan hatimu, hai orang Yehuda dan penduduk Yerusalem, supaya jangan murka-Ku mengamuk seperti api, dan menyala-nyala dengan tidak ada yang memadamkan, oleh kerana perbuatan-perbuatanmu yang jahat."

Anda boleh melihat walaupun pada zaman Perjanjian Lama, nabi yang diakui Tuhan tidak mempunyai keimanan hukum. Hal ini kerana apa yang benar-benar diingini Tuhan adalah kasih sayang dan belas kasihan rohani. Sama seperti Yesus Kristus memenuhi Hukum dengan kasih sayang, nabi dan orang tua yang menerima kasih sayang dan rahmat Tuhan mencari kasih sayang dan keamanan.

Dalam kes Musa, apabila kaum Israel berada di hujung kematian dengan melakukan dosa yang tidak boleh diampuni, Dia campur tangan bagi pihak mereka dengan meminta Tuhan untuk menukar penyelamatannya untuk mereka. Walau bagaimanapun, Paulus bukan sebegini sebelum dia bertemu Yesus Kristus. Dia tidak salih pada pandangan Tuhan. Dia hanya salih dalam pandangannya sendiri.

Hanya selepas bertemu Kristus dia menganggap semua yang diketahuinya sebelum ini suatu kerugian dan dia mula menyebarkan pengetahuan mulia Kristus. Disebabkan kasihnya untuk para jiwa, Paulus membina gereja di mana-mana dia pergi dan dia mengorbankan hidupnya bagi perkhabaran Injil. Dia menjalani hidup yang sangat bernilai.

Saul ingkar terhadap Tuhan dengan fikiran badaniah

Saul merupakan contoh utama manusia yang tekad menentang Tuhan kerana fikiran dagingnya. Dia yang dilumur dengan minyak oleh Nabi Samuel merupakan raja pertama Israel yang memerintah negara selama 40 tahun. Sebelum dia ditabalkan sebagai raja, dia seorang yang merendah diri. Namun setelah menjadi raja, secara perlahan-lahan dia menjadi semakin bangga diri. Misalnya, apabila Israel bersedia untuk berperang dengan orang Filistin dan Nabi Samuel tidak hadir pada waktu yang dipersetujui, ramai orang mula berserak walaupun hanya paderi yang sepatutnya membuat korban di mezbah, Saul membuat korban dengan sendiri mengikut kehendaknya lantas bertindak menentang kehendak Tuhan. Apabila Samuel mencela tindakannya kerana tidak menghormati langsung had suci seorang paderi, Saul dengan pantas memberi alasan dan tidak bertaubat.

Apabila Tuhan memerintahkannya untuk 'memusnahkan semua orang Amalek', dia tidak mentaatinya. Dia menangkap raja Amalek. Dia sehinggakan tidak membunuh haiwan ternakan pilihan dan membawa semua pulang. Dia membenarkan fikiran dagingnya untuk menghasut, dia meletakkan fikirannya sendiri sebelum firman Tuhan. Namun, dia meminta rakyatnya untuk menghormatinya. Akhirnya, Tuhan memalingkan wajah-Nya daripada Saul dan dia diseksa dengan roh jahat. Walaupun di bawah keadaan sebegini, dia tidak mahu berpaling daripada kejahatan dan dia cuba untuk membunuh Daud, nabi yang Tuhan lantik. Tuhan memberi begitu banyak peluang kepada Saul untuk berpaling, tetapi dia tidak dapat membuang fikiran dagingnya dan sekali lagi, dia mengingkari arahan Tuhan. Akhirnya, dia menuju jalan kematian.

Cara memenuhi kebenaran Tuhan melalui keimanan

Maka bagaimana kita boleh membuang fikiran daging yang jahat terhadap Tuhan dan menjadi salih pada pandangan Tuhan? Kita perlu memusnahkan semua spekulasi dan setiap perkara angkuh yang diutarakan menentang pengetahuan Tuhan dan menangkap setiap fikiran untuk mentaati Kristus (2 Korintus 10:5).

Mentaati Kristus tidak bermakna diikat atau tertindas. Inilah cara kepada rahmat dan kehidupan abadi. Disebabkan itulah orang yang menerima Yesus Kristus sebagai Penyelamat mereka dan mengalami kasih Tuhan yang hebat mentaati Firman-Nya dan berusaha untuk menyerupai hati-Nya.

Oleh itu, untuk mencapai kesalihan Tuhan melalui iman pada Yesus Kristus, kita perlu membuang setiap bentuk kejahatan (1 Tesalonika 5:22) dan mencari cara untuk melakukan kebaikan. Anda tidak akan mempunyai fikiran daging jika anda tidak mempunyai ketidakbenaran dalam hati. Anda menerima kerja Iblis dan melalui jalan kejahatan bagi setiap ketidakbenaran dalam diri. Oleh itu, mentaati Kristus bermakna membuang ketidakbenaran daripada diri kita dan mengenali dan bertindak mengikut Firman Tuhan.

Jika Tuhan memerintahkan kita untuk "mengabdikan diri untuk bertemu bersama", maka tanpa melibatkan fikiran daging kita, kita sepatutnya mengabdikan diri untuk bertemu bersama. Apabila kita menghadiri khidmat penyembahan, kita perlu memahami cara Tuhan dan taat sepenuhnya. Walau bagaimanapun, hanya kerana kita mengetahui Firman Tuhan tidak bermaksud kita boleh melakukannya dengan terus. Kita perlu berdoa untuk menerima kekuatan untuk menukar Firman tersebut kepada tindakan. Apabila kita berdoa, kita dipenuhi dengan Roh Kudus dan kita boleh berhenti berfikir fikiran daging. Namun, jika kita tidak berdoa, fikiran daging kita akan mencengkam dan menyesatkan kita.

Oleh itu, kita perlu berdoa dengan tekun sambil berusaha hidup mengikut Firman Tuhan. Sebelum kita bertemu Yesus Kristus, kita mungkin mengikut keinginan daging dengan berkata, "marilah berehat, bergembira, mari minum dan makan dan berseronok". Namun, setelah bertemu Yesus Kristus, kita perlu bermeditasi akan bagaimana kita boleh mencapai kerajaan-Nya dan kesalihan-Nya dan kita perlu berusaha keras untuk menukar iman kita kepada tindakan. Kita perlu meneroka dan membuang kejahatan seperti rasa benci dan cemburu yang bertentangan dengan Firman Tuhan. Kita perlu melakukan apa yang Yesus lakukan iaitu mengasihi musuh dan merendahkan diri semasa melayan orang lain. Maka, hal ini bermakna anda sudah mencapai kesalihan Tuhan.

Saya berharap anda akan dapat memusnahkan spekulasi dan segala perkara angkuh yang diutarakan tentang pengetahuan Tuhan dan menangkap semua fikiran yang mentaati Kristus sama seperti yang dilakukan hawari Paulus agar anda boleh menerima hikmah dan pemahaman daripada Tuhan dan menjadi orang yang salih yang makmur dalam segala perkara.

Glosari

Kesalihan Iman, Ketaatan dan Tindakan

Kesalihan iman adalah melihat hasil positif dengan mata keimanan daripada hanya melihat realiti sedia ada dengan meyakini Firman Tuhan. Ia bukan bergantung kepada fikiran dan kebolehan seseorang, tetapi bergantung pada Firman Tuhan sahaja.

Kesalihan ketaatan bukan setakat mentaati perintah yang boleh dilaksanakan dengan kekuatan sendiri. Ia sebenarnya mentaati perintah yang dirasakan mustahil untuk dilaksanakan dalam had kebenaran. Jika seseorang mempunyai kesalihan iman, dia juga boleh memenuhi kesalihan ketaatan. Seseorang yang sudah memenuhi kesalihan ketaatan berdasarkan kesalihan iman boleh mentaati keimanan, walaupun dalam keadaan yang agak mustahil daripada realiti.

Kesalihan tindakan merupakan kebolehan untuk bertindak mengikut kehendak Tuhan tanpa membuat sebarang alasan, selagi ia sesuatu yang dituntut Tuhan. Kebolehan untuk menjalankan kesalihan tindakan berbeza bagi setiap orang bergantung pada setiap karakter bekas dan karakter hati. Lebih banyak seseorang tidak mengendahkan manfaat sendiri dan mencari manfaat untuk orang lain, lebih banyak boleh orang tersebut mencapai kesalihan sebegini.

Bab 9

Dia yang dipuji Tuhan

"Sebab bukan orang yang memuji dirinya sendiri yang diiktiraf, tetapi orang yang dipuji Tuhan."
(2 Korintus 10:18)

Tidak kira bidang yang kita ceburi, jika kita berjaya dalam bidang itu, kita akan dipuji. Walau bagaimanapun, ada perbezaan antara dipuji oleh orang biasa, dan orang pakar dalam bidang yang anda ceburi. Jadi, jika Tuhan kita, Raja segala raja mengakui kita, maka kegembiraan itu tiada tandingannya di dunia ini!

Dia yang dipuji Tuhan

Tuhan memuji orang yang memiliki hati yang benar dan yang memiliki aroma Kristus. Dalam Alkitab, Yesus jarang memberikan pujian. Tetapi apabila Dia memberinya, ia bukan secara langsung dalam perkataan seperti, "Kamu telah melakukan perkara yang betul." "Ingat ini." "Sebarkan ini."

Dalam Lukas bab 21, kita melihat janda miskin membuat persembahan dua syiling tembaga kecil. Yesus memuji janda ini kerana membuat persembahan dengan segala harta yang dimilikinya, dengan berkata, "Sesungguhnya Aku berkata kepadamu, janda miskin ini meletakkan lebih banyak daripada mereka; kerana mereka tiada lebihan untuk diletakkan dalam persembahan; tetapi dia yang miskin meletakkan semua harta yang dimiliki untuk meneruskan hidup" (ay. 3-4).

Dalam Markus bab 14, kita dapat melihat babak di mana seorang perempuan menuangkan minyak wangi yang mahal di atas kepala Yesus. Beberapa orang di sana memarahinya, dengan berkata, "Minyak wangi ini boleh dijual dengan harga melebihi tiga ratus denarii, dan duit diberikan kepada orang miskin" (ay. 5).

Lalu, Yesus berkata, "Kamu sentiasa mempunyai orang miskin bersama dengan diri kamu, apabila kamu mahu, anda boleh berbuat baik kepada mereka; tetapi kamu tidak selalu mempunyai Aku. Dia telah melakukan apa yang termampu; dia telah mengurapi badan-Ku sebelum pengebumian. Sesungguhnya Aku berkata kepada-Mu, di mana sahaja Injil diberitakan di seluruh dunia, apa yang dilakukan wanita ini juga akan dibicarakan dalam ingatannya" (ay. 6-9).

Jika anda ingin dipuji oleh Tuhan seperti ini, maka anda terlebih dahulu perlu melakukan perkara yang diperlukan. Oleh itu, mari kita mengkaji secara lebih khusus mengenai perkara-perkara yang patut kita lakukan sebagai umat Tuhan.

Diperkenan oleh Tuhan

1) Dengan gigih membina sebuah altar di hadapan Tuhan

Kejadian 12:7-8 berkata, " TUHAN muncul di hadapan Abram dan berkata, 'Untuk keturunan Kau, Aku akan memberikan tanah ini.' Jadi dia membina altar di sana untuk TUHAN yang muncul dihadapannya. Kemudian dia berangkat dari sana ke gunung di sebelah timur Betel, dan mendirikan khemah, Betel di sebelah barat dan Ai di sebelah timur; dan di sana dia membina altar untuk TUHAN dan menyeru nama TUHAN." Tambahan pula, dalam Kejadian 13:4 dan 13:18, ia juga merekodkan Abram membina altar di hadapan Tuhan.

Dalam Kejadian bab 28 kita melihat rekod Yakub membina sebuah altar di hadapan Tuhan. Ketika melarikan diri dari saudara yang cuba membunuhnya, Yakub datang ke tempat di mana dia tertidur dengan batu di bawah kepalanya. Dalam mimpinya, dia melihat tangga menuju ke syurga, dan dia melihat malaikat-malaikat Tuhan naik dan turun tangga, dan dia mendengar suara Tuhan. Apabila dia bangun pada keesokan harinya, Yakub mengambil batu yang ia gunakan sebagai bantal, menaikkannya seperti tiang, menuangkan minyak ke atasnya, dan memuji Tuhan di sana.

Dalam istilah hari ini, membina sebuah altar di hadapan Tuhan bersamaan dengan pergi ke gereja dan menghadiri khidmat penyembahan. Ia tentang melakukan persembahan tulen dengan sepenuh hati kita sambil bersyukur; dan mendengar Firman Tuhan serta mengambilnya sebagai makanan untuk hati kita. Ia mengambil perkataan yang kita dengar dan mengamalkannya. Dengan cara ini, semasa kita menyembah roh dan dalam kebenaran, ketika kita mengamalkan Firman, Tuhan meredhai kita dan memimpin kita menjalani kehidupan yang berkat.

2) Angkat doa yang Tuhan ingin dengarkan

Doa adalah pernafasan rohani. Ia berkomunikasi dengan Tuhan. Kepentingan doa ditekankan dalam banyak tempat dalam Alkitab. Sudah tentu, jika kita tidak memberitahu-Nya setiap minit, Dia mengetahui segalanya. Walau bagaimanapun, Tuhan membuat janji ini dalam Matius 7:7 kerana Dia ingin berkomunikasi dengan kita,

"Mintalah, dan ia akan diberikan kepadamu."

Kita perlu berdoa untuk menjadikan jiwa kita tenang dan pergi ke Syurga. Apabila kita dipenuhi dengan kasih kurnia dan kuasa Tuhan serta kepenuhan Roh Kudus, kita boleh membuang pemikiran yang bertentangan dengan kebenaran dan boleh dipenuhi dengan Firman Tuhan yang benar. Tambahan pula, kita perlu berdoa untuk menjadi orang yang benar, manusia kerohanian. Dengan berdoa, semua perkara akan diberkati dan kita akan berada dalam keadaan baik kerana jiwa kita juga tenang.

Semua orang yang dicintai dan diakui oleh Tuhan adalah orang yang berdoa. 1 Samuel 12:23 mengatakan, "Jauh daripadaku bahawa aku patut berdosa terhadap TUHAN dengan berhenti berdoa." Kita perlu berkomunikasi dengan Tuhan untuk menerima sesuatu dari Tuhan yang mustahil dengan kuasa manusia. Daniel, Petrus, dan rasul Paulus adalah orang yang berdoa. Yesus berdoa pada awal pagi dan kadang-kadang sepanjang malam. Kisah bagaimana Dia berdoa sehingga peluh-Nya menjadi seperti titisan darah di Gethsemane sangat terkenal.

3) Memiliki iman untuk menerima jawapan

Dalam Matius bab 8, seorang perwira datang untuk melihat Yesus. Pada masa itu Israel dikuasai oleh Rom. Seorang perwira tentera Rom sama taraf dengan pangkat pegawai askar yang tinggi pada hari ini. Perwira itu meminta Yesus untuk menyembuhkan hambanya yang menderita kerana lumpuh. Yesus melihat kasih sayang dan kepercayaan dari perwira itu, maka Dia memutuskan untuk menyembuhkan hamba itu.

Tetapi perwira itu membuat pengakuan iman, "Tuhan, Aku tidak layak untuk Kau datang di rumah Aku, tetapi sebutlah kata-kata, dan hamba aku akan sembuh. Kerana aku juga seorang lelaki di bawah kekuasaan, dengan askar-askar di bawah aku, dan aku hanya berkata ini, 'Pergi!' dan dia pun pergi, dan aku berkata

'Datang!' dan dia pun datang, dan kepada hamba aku, 'Lakukan ini!' dan dia melakukannya" (Matius 8:8-9).

Yesus melihat keimanan dan kerendahan hati si perwira yang berharga, lalu berkata "Sesungguhnya Aku berkata kepadamu, Aku tidak pernah melihat keimanan yang hebat di Israel" (ay. 10). Ramai orang berhasrat untuk memiliki iman seperti ini, tetapi kita tidak dapat memiliki iman ini dengan kehendak sahaja. Semakin banyak kebaikan yang ada di dalam hati kita dan semakin banyak kita mengamalkan Firman Tuhan, itulah iman yang diberikan oleh Tuhan. Oleh kerana perwira itu memiliki hati yang baik, dia mempercayai apa yang dilihat dan didengar tentang Yesus. Dengan cara ini, Tuhan memuji sesiapa yang percaya dan meletakkan imannya ke dalam perbuatan, dan Tuhan bekerja menurut iman mereka.

4) Memiliki hati yang merendah diri di hadapan Tuhan

Dalam Markus bab 7, seorang wanita Syrophoenician datang ke hadapan Yesus dengan merendah hati dan berharap Yesus Dia menyembuhkan anak perempuannya yang dirasuki syaitan. Ketika perempuan itu meminta Yesus menyembuhkan anak perempuannya, Yesus menjawab, "Biarlah kanak-kanak itu puas dahulu, kerana tidak baik mengambil roti kanak-kanak dan mencampakkannya ke anjing" (ay. 27). Wanita itu tidak marah atau berasa tersinggung, walaupun dia dibandingkan dengan seekor anjing.

Oleh kerana dia dipenuhi dengan keinginan yang hebat untuk menerima jawapan tidak kira apa, dan kerana dia mempercayai Tuhan, yang merupakan kebenaran itu sendiri, dia merendahkan dirinya dan dia terus menangis, "Ya, Tuhan, bahkan anjing di bawah meja makan remah kanak-kanak" (a. 28). Yesus digerakkan oleh iman dan kerendahan hatinya dan menjawab permintaannya dengan berkata, "Pergilah; Syaitan telah keluar dari anak perempuanmu" (ay. 29). Kita perlu mempunyai kerendahan hati seperti ini di hadapan Tuhan ketika kita mencari dan berdoa.

5) Menyemai dengan iman

Menyemai dengan iman juga merupakan sebahagian daripada kebenaran yang dipuji Tuhan. Jika anda ingin menjadi kaya, usahalah mengikut undang-undang menanam dan menuai. Ini adalah yang paling sesuai untuk memberi persepuluhan dan persembahan syukur. Apabila kita melihat undang-undang alam, kita dapat melihat mendapat apa yang diusahakan. Jika anda menanam gandum, anda akan menuai gandum, dan jika anda menanam kacang, anda akan menuai kacang. Jika anda menanam sedikit, anda akan mendapat hasil yang sedikit, dan jika anda menanam dengan banyak, anda akan mendapat hasil yang banyak. Sekiranya anda menanam di tanah yang subur, anda akan mendapat buah yang baik; dan lebih keras usaha anda mencantas dan menjaga, lebih banyak jenis hasil yang akan diperoleh.

Persembahan yang kita lakukan di hadapan Tuhan digunakan untuk menyelamatkan jiwa yang hilang, membina gereja, dan menyokong misi serta membantu orang yang memerlukan. Inilah sebabnya kita dapat mengungkapkan cinta kita kepada Tuhan melalui persembahan. Persembahan itu digunakan untuk memenuhi kerajaan Tuhan dan kebenaran-Nya, sehingga Tuhan menerima persembahan ini dengan sukacita dan memberkati kita, membalasnya 30, 60, atau 100 kali ganda. Apakah Tuhan maha pencipta kekurangan sehingga Dia meminta kita untuk membuat persembahan kepada-Nya? Dia memberi kita peluang untuk menuai apa yang kita semai dan menerima berkat-Nya!

Seperti yang tertulis dalam 2 Korintus 9:6-7, "Sekarang Aku berkata, orang yang menabur dengan berhati-hari juga akan menuai dengan hemat, dan orang yang menyemai dengan banyak juga akan menuai dengan banyak. Setiap orang harus memberi menurut kerelaan hatinya, bukan kerana dendam atau terpaksa, kerana Tuhan mengasihi orang yang memberi dengan senang hati."

6) Percaya dan bergantung kepada Tuhan pada setiap masa

Daud sentiasa bertanya kepada Tuhan, jadi Tuhan memimpin perjalanannya dan membantu dia menghindari pelbagai kesulitan. Daud bertanya kepada Tuhan, "Patutkah aku melakukan ini, atau patutkah aku melakukan itu?" hampir untuk segala-galanya, dan dia bertindak mengikut arahan-Nya (Ruj: 1 Samuel bab 23). Itulah sebabnya dia dapat memenangi banyak pertempuran. Itulah sebabnya Tuhan mengasihi anak-anak-Nya yang selalu mempercayai dan memohon arahan-Nya. Walau bagaimanapun, jika kita memanggil 'Bapa' Tuhan, namun mempercayai dunia atau pengetahuan kita sendiri lebih daripada Tuhan, maka Tuhan tidak dapat menolong kita.

Semakin dekat kita berada dalam kebenaran, semakin banyak kita dapat menanyakan Tuhan dan semakin banyak Tuhan dapat memuji kita. Dalam apa jua yang kita lakukan, kita harus mengasah kebijaksanaan mencari Tuhan terlebih dahulu, kemudian menunggu untuk menerima jawapan dan bimbingan-Nya.

7) Mematuhi Firman Tuhan

Oleh kerana Tuhan memerintahkan kita, "Jagalah kesucian hari Sabat," kita harus pergi ke gereja, beribadah, bergaul dengan orang yang beriman, dan menghabiskan hari dengan cara yang kudus. Dan kerana Dia memerintahkan kita, "Bersukacitalah selalu, dan bersyukurlah atas segala-galanya," kita harus bersukacita dan bersyukur tidak apa jua keadaan. Orang yang memelihara perintah-Nya seperti ini dalam hati mereka akan menerima keberkatan kerana sentiasa berada di hadapan Tuhan.

Melalui ketaatan, Petrus, murid Yesus, mengalami peristiwa

yang luar biasa. Untuk membayar cukai kuil, Yesus memberitahu Petrus untuk "pergi ke laut dan buang cangkuk, dan ambil ikan pertama yang muncul; apabila kamu membuka mulutnya, kamu akan menemui satu syikal. Ambil itu dan berikan ia kepada mereka untuk kamu dan Aku" (Matius 17:27). Sekiranya Petrus tidak mahu mempercayai kata-kata Yesus dan tidak pergi ke laut untuk menangkap ikan, maka dia tidak akan mengalami peristiwa yang menakjubkan ini. Tetapi Petrus mematuhi dan melemparkannya, jadi dia dapat mengalami kuasa Tuhan yang mengagumkan.

Semua karya-karya iman yang dicatatkan di dalam Alkitab lebih kurang sama. Apabila Tuhan bekerja, Dia bekerja mengikut tahap iman setiap orang. Dia tidak akan menolak seseorang dengan kepercayaan yang lemah untuk melakukan perkara di luar kemampuan. Tuhan pertama kali memberi dia kesempatan untuk mengalami kuasa-Nya dengan mematuhi sesuatu yang sedikit, dan kemudian Tuhan memberikan dia sedikit lagi iman kerohanian melaluinya. Jadi pada masa yang akan datang, dia dapat mematuhi Tuhan dengan sesuatu perkara yang lebih besar.

Pakukan semangat dan keinginan kamu pada salib

Setakat ini kita telah mengkaji tentang perkara-perkara yang harus dilakukan agar dapat diakui, dipuji, dan diumumkan sebagai beriman di hadapan Tuhan. Lebih-lebih lagi, apabila kita memakukan nafsu dan kehendak daging kita di atas salib, Tuhan menganggap itu sebagai kebenaran dan memuji kita. Tetapi mengapa nafsu dan kemahuan dianggap satu dosa? Galatia 5:24 mengatakan, "Orang yang berasal dari Yesus Kristus telah menyalibkan daging dengan nafsu dan keinginannya." Ia memberitahu kita supaya harus berani membuang perkara-perkara ini.

'Nafsu' adalah yang memberi dan menerima hati seseorang. Ia merupakan perasaan rapat yang anda rasa untuk seseorang yang anda kenali dan membina hubungan dengannya. Ini tidak hanya berlaku kepada dua orang yang memikat antara satu sama lain, ia juga berlaku dengan keluarga, kawan, dan jiran. Oleh kerana 'nafsu' ini, kita boleh menjadi berat sebelah dan berfikiran sempit. Sebagai contoh, kebanyakan orang tidak memaafkan apabila jiran melakukan kesilapan kecil, tetapi apabila anak-anak mereka melakukan kesilapan yang sama, mereka dapat memaafkan dan lebih memahami. Namun jenis nafsu daging ini tidak menolong negara, keluarga, atau individu untuk berdiri teguh dalam kebenaran.

'Keinginan' juga sama. Malah, Daud yang sangat disayangi oleh Tuhan, akhirnya melakukan dosa besar membunuh suami Batsyeba yang tidak bersalah untuk menyembunyikan fakta bahawa dia berzina dengan wanita itu. Dengan cara ini, nafsu dan kehendak yang melahirkan dosa, dan dosa membawa kepada kematian. Apabila dosa dilakukan, orang yang berdosa pasti akan menerima hukuman itu.

Dalam Yosua bab 7, kita menghadapi peristiwa tragis yang berlaku akibat keinginan daging manusia. Selepas Keluar dari Mesir, semasa proses menaklukkan tanah Kanaan, orang Israel melintasi Sungai Yordan dan mendapat kemenangan besar melawan kota Yerikho. Selepas itu, mereka kalah dalam peperangan melawan kota Ai. Apabila orang Israel meneliti punca kekalahan ini, mereka mendapati bahawa seorang lelaki bernama Achan menyembunyikan mantel, emas dan perak di antara barang yang disita dari kota Yerikho. Tuhan telah memerintahkan orang Israel supaya tidak mengambil apa-apa yang mereka rampas dari Yerikho untuk keuntungan peribadi mereka, tetapi Achan melanggar perintah itu.

Oleh kerana dosa Achan, ramai orang Israel terpaksa menderita; akhirnya, Achan dan anak-anaknya semuanya direjam hingga mati. Sama seperti ragi kecil yang melebarkan seluruh roti, seorang manusia iaitu Achan, telah menyebabkan seluruh rakyat Israel gagal. Itulah sebabnya Tuhan menguruskannya dengan sangat teruk. Mungkin kita terfikir, "Kenapa Tuhan membunuh seseorang hanya kerana mencuri satu mantel, beberapa keping emas dan perak?" Walau bagaimanapun, terdapat sebab yang sah bagi apa yang telah terjadi.

Jika seorang petani, selepas dia menyemai dan terlihat beberapa rumput di tanah dan berfikir, "Oh, itu hanya satu atau dua..." kemudian membiarkannya, dalam masa yang singkat, rumput-rumput akan tumbuh, tersebar dan mengganggu tanaman. Jadi petani tidak dapat menuai tanaman yang baik. Hasrat dan keinginan adalah seperti rumput, ia menjadi halangan dalam perjalanan ke Syurga dan menerima jawapan dari Tuhan. Ia adalah gangguan yang sia-sia dan tiada kebaikannya. Inilah sebab Tuhan memberitahu kita untuk 'memaku' perkara ini ke atas salib'.

Sebaliknya, Asa, raja ketiga bagi kerajaan selatan Yehuda, dengan tegas memotong nafsu dan keinginannya, justeru it diredhai Tuhan (1 Raja-raja bab 15). Sama seperti keturunannya Daud, Asa melakukan apa yang benar di mata Tuhan, dan menyingkirkan semua berhala dari kerajaannya. Apabila ibunya, Maacah mencipta imej Asyera, dia sanggup menarik jawatan ibunya sebagai ratu. Kemudian dia memotong dan membakar imej itu di sungai Kidron.

Anda mungkin berfikir Asa bertindak terlalu keras untuk menarik jawatan ratu daripada ibunya kerana dia menyembah berhala, dan anda mungkin berfikir Asa bukan anak yang baik. Walau bagaimanapun, Asa bertindak sebegini kerana dia berkali-kali meminta ibunya berhenti menyembah berhala. Namun, Maacah tidak mendengar kata Asa. Jika kita lihat keadaan ini melalui mata rohani, dengan mengambil kira kedudukan Maachah, penyembahan berhalanya sama seperti seluruh bangsa yang menyembah berhala. Jadi ini boleh mendatangkan kemurkaan

Tuhan kepada seluruh negara. Oleh itu Tuhan memuji tindakan Asa dengan membuang keinginan duniawi untuk ibunya. Dia mengakui perbuatan itu benar untuk mengelakkan orang lain membuat dosa terhadap Tuhan.

Ini tidak bermakna Asa membuang ibunya. Dia hanya membuang jawatan ratu dari ibunya. Sebagai seorang anak, dia terus menyayangi, menghormati dan berkhidmat untuk ibunya. Dengan cara yang sama, jika ada orang yang mempunyai ibu bapa yang menyembah tuhan atau berhala palsu, dia harus melakukan apa sahaja termampu untuk menyentuh hati mereka. Dari semasa ke semasa, dengan meminta Tuhan untuk kebijaksanaan, dia harus menyampaikan injil dan mendorong mereka untuk membuang berhala. Kemudian Tuhan akan meredhainya.

Orang-orang tua yang benar di hadapan Tuhan

Tuhan meredhai pematuhan yang lengkap. Dia juga menunjukkan kekuasaan-Nya kepada orang yang patuh sepenuhnya. Pematuhan yang diakui Tuhan adalah mematuhi walaupun ia nampak mustahil. Dalam 2 Raja-raja bab 5, kita melihat rekod komander tentera raja Aram, Naaman.

Jeneral Naaman pergi ke negara jirannya untuk melawat Nabi Elisa dengan harapan sembuh dari penyakit kusta. Dia membawa banyak hadiah, bahkan surat dari raja! Walau bagaimanapun, ketika dia sampai di sana, Elisa tidak menyapanya. Sebaliknya, Elisa menghantar seorang utusan untuk memberitahu Naaman untuk pergi membersih diri di Sungai Yordan sebanyak tujuh kali. Naaman yang terasa hati sudah bersedia untuk pulang ke rumah. Namun dengan pujukan hamba-hambanya, Naaman merendahkan maruahnya dan mematuhi. Dia membasuh tubuhnya di Sungai Yordan sebanyak tujuh kali. Pasti sukar bagi Naaman yang merupakan orang kanan raja Aram untuk merendahkan maruahnya dan mematuhi seperti ini selepas dilayan oleh Elisa.

Elisa melakukan sebegitu kerana dia tahu bahawa Tuhan akan menyembuhkan Naaman selepas dia mula menunjukkan kepercayaannya melalui ketaatan. Tuhan, yang gembira dengan ketaatan kita yang berlawanan dengan pengorbanan, Dia merasakan kegembiraan dalam tindakan keimanan Naaman dan menyembuhkan penyakit kusta itu. Tuhan menganggap ketaatan itu besar nilainya, dan Dia sangat gembira apabila orang yang bertindak dengan kebenaran.

Tuhan juga sangat gembira kerana iman orang-orang yang tidak mencari keuntungan diri, dan orang yang tidak berkompromi dengan dunia. Dalam Kejadian bab 23, ketika Abram ingin mengebumikan Sarah di dalam gua Machpelah, pemilik itu cuba memberi tanah kepada Abram secara percuma. Walau bagaimanapun, Abram tidak menerimanya. Abram tidak mempunyai hati yang mencari keuntungan diri. Itulah sebab dia mahu membayar harga yang tepat untuk tanah itu sebelum mengambilnya.

Dan ketika Sodom dikalahkan dalam peperangan dan anak saudaranya Lot ditangkap, Abram tidak hanya menyelamatkan anak saudaranya, tetapi dia juga menyelamatkan orang lain yang berasal dari Sodom, dan memulangkan harta mereka. Ketika raja Sodom cuba membayar Abram sebagai tanda penghargaan atas apa yang dilakukannya, Abram menolak. Dia tidak menerima apa-apa pun. Dia tidak mempunyai sifat tamak atau keinginan untuk mengambil benda yang bukan miliknya kerana hatinya beriman.

Dalam Daniel bab 6, kita melihat Daniel tahu setelah berdoa kepada Tuhan, dia akan dibunuh kerana orang yang telah berkomplot untuk mengkhianatinya. Namun, dia menjaga kebenarannya di hadapan Tuhan dengan tidak berhenti berdoa. Dia tidak berkompromi walaupun sesaat untuk menyelamatkan nyawanya. Oleh kerana perbuatannya, dia dibuang ke dalam sarang singa. Namun dia tidak langsung terluka, dilindungi sepenuhnya.

Dia bersaksi kepada Tuhan yang hidup dan memuliakan-Nya.

Walaupun dia dituduh secara salah dan ditahan di penjara tanpa sebab, Yusuf tidak mengadu atau berdendam terhadap sesiapa sahaja (Kejadian bab 39). Dia mengekalkan kesucian dirinya, tidak berkompromi dengan perkara jahat dan hanya mengikuti jalan kebenaran. Maka dalam masa dan jalan Tuhan, dia dibebaskan dari penjara dan dilantik menjadi kedudukan kehormat Perdana Menteri Mesir.

Oleh itu, kita perlu berkhidmat kepada Tuhan, dan menjadi benar di hadapan Tuhan dengan melakukan perkara yang sepatutnya. Kita juga harus membahagiakan Tuhan dengan melakukan perkara-perkara yang dipuji oleh Tuhan. Apabila kita melakukan ini, Tuhan akan membangkitkan kita, menjawab keinginan hati dan memimpin kita menuju kehidupan yang makmur.

Glosari

Perbezaan antara 'Abram' dan 'Abraham'
'Abram' adalah nama asalah Abraham, bapa keimanan (Kejadian 11:26).

'Abraham', yang bermaksud 'bapa pelbagai bangsa', adalah nama yang diberikan oleh Tuhan kepada Abram, untuk membuat perjanjian berkat dengannya (Kejadian 17:5). Atas perjanjian ini ia menjadi sumber berkat sebagai bapa keimanan. Dan dia dipanggil 'kawan Tuhan'.

Berkat yang ditekan, digoncang bersama, dan dilanggar, dan berkat sebanyak 30, 60, dan 100 kali ganda
Kita menerima keberkatan dari Tuhan sesuai tahap kepercayaan kita kepada-Nya dan mengamalkan Firman-Nya dalam hidup kita. Walaupun kita masih tidak dapat mengusir semua sifat berdosa dari hati kita, apabila kita berusaha dan mencari dengan iman, kita menerima berkat yang ditekan, digoncang bersama, dan dilanggar lebih dua kali ganda dari apa yang kita usahakan (Lukas 6:38). Jika kita dikuduskan dan masuk ke dalam roh dengan berjuang melawan dosa-dosa sehingga tahap menumpahkan darah untuk membuang sepenuhnya, maka kita boleh mendapat berkat lebih dari 30 kali ganda. Dan jika kita pergi lebih jauh ke dalam roh yang penuh, kita dapat meraih berkat yang 60, atau bahkan 100 kali ganda.

～ Bab 10 ～

Rahmat

"Berfirmanlah TUHAN kepada Abram, 'Pergilah dari negerimu dan dari sanak saudaramu dan dari rumah bapamu ini ke negeri yang akan Aku tunjukkan kepadamu; Aku akan membuat engkau menjadi bangsa yang besar, dan memberkati engkau serta membuat namamu masyhur; dan engkau akan menjadi berkat. Aku akan memberkati orang-orang yang memberkati engkau, dan mengutuk orang-orang yang mengutuk engkau, dan olehmu semua kaum di muka bumi akan mendapat berkat.' Lalu pergilah Abram seperti yang difirmankan TUHAN kepadanya, dan Lot pun ikut bersama-sama dengan dia. Abram berumur tujuh puluh lima tahun, ketika ia berangkat dari Haran."
(Kejadian 12:1-4)

Tuhan mahu merahmati manusia. Tetapi terdapat kes di mana Tuhan memilih seseorang untuk dirahmati dan terdapat kes di mana ada orang memilih dengan sendiri untuk memasuki dalam sempadan rahmat Tuhan. Sesetengah orang memilih untuk memasuki rahmat Tuhan, tetapi kemudian meninggalkannya. Kemudian ada orang yang tidak kena-mengena dengan rahmat. Mari lihat dahulu kes di mana Tuhan memilih seseorang untuk dirahmati.

Ibrahim, Bapa Keimanan

Tuhan adalah yang pertama dan yang terakhir, permulaan dan pengakhiran. Dia mereka aliran sejarah manusia dan Dia terus memimpin manusia. Katakanlah kita sedang membina rumah. Kita hasilkan rekaan dengan mengagak berapa lama masa pembinaan akan diambil, apa jenis bahan yang akan digunakan, berapa banyak keluli dan berapa banyak konkrit yang kita perlukan dan berapa banyak tiang yang diperlukan. Maka, jika kita melihat pada sejarah manusia sebagai rumah Tuhan, terdapat beberapa orang penting yang bagaikan 'tiang' rumah Tuhan.

Untuk menjalankan ketentuan-Nya, Tuhan memilih orang tertentu untuk memberitahu orang ramai bahawa Tuhan sebenarnya Tuhan hidup dan Syurga dan Neraka sebenarnya wujud. Disebabkan inilah Tuhan memilih orang sebegini untuk bertindak sebagai tiang. Kita boleh lihat bahawa mereka agak berbeza daripada manusia biasa dari segi hati dan semangat mereka terhadap Tuhan. Salah seorang daripada mereka adalah Abraham.

Dia hidup kira-kira empat ribu tahun yang lalu. Dia dilahirkan di Ur tempat orang Kasdim. Ur merupakan bandar Sumeria lama yang terletak di hiliran dan di belah tebing barat Sungai Eufrat di tengah-tengah peradaban Mesopotamia.

Abraham sangat dikasihi dan diakui oleh Tuhan sehingga dia digelar "sahabat Tuhan". Dia menikmati segala jenis rahmat daripada Tuhan termasuk anak, kekayaan, kesihatan dan umur yang panjang. Bukan setakat itu, tetapi seperti yang difirmankan Tuhan dalam Kejadian 18:17, "Apakah Aku akan menyembunyikan kepada Abraham apa yang hendak Aku lakukan ini?" Tuhan dengan jelas mendedahkan kepada Abraham acara yang akan datang pada masa depan.

Tuhan mempertimbangkan keimanan sebagai kebenaran dan memberikan rahmat-Nya

Apa yang anda rasa Tuhan lihat dalam Abraham yang begitu menyenangi-Nya sehinggakan Dia mencurahkan begitu banyak rahmat kepadanya? Kejadian 15:6 menyatakan, "Lalu percayalah Abram kepada TUHAN; maka TUHAN memperhitungkan hal itu kepadanya sebagai kebenaran." Tuhan menganggap iman Abraham sebagai kesalihan.

Tuhan berfirman kepadanya, "Pergilah dari negerimu dan dari sanak saudaramu dan dari rumah bapamu ini ke negeri yang akan Aku tunjukkan kepadamu. Aku akan membuat engkau menjadi bangsa yang besar, dan memberkati engkau serta membuat namamu masyhur; dan engkau akan menjadi berkat." (Kejadian 12:1-2). Tuhan tidak memberitahu kepadanya ke mana untuk pergi atau menerangkan apa jenis tanah yang perlu dijangka. Tuhan tidak memberikan dia rancangan terperinci tentang bagaimana perlu dia hidup selepas meninggalkan kampungnya. Dia cuma mengarahkan Abraham untuk pergi.

Bagaimana jika Abraham mempunyai fikiran daging? Sudah tentu apabila dia meninggalkan rumah bapanya, dia akan menjadi pengembara dan perayau. Dia mungkin akan dipandang rendah. Jika dia mempertimbangkan perkara sebegini, dia mungkin tidak dapat taat. Walau bagaimanapun, Abraham tidak pernah meragui janji rahmat Tuhan. Dia terus mempercayai-Nya. Oleh itu, dia mentaati arahan tanpa syarat dan bertolak. Tuhan tahu jenis bekas seperti Abraham dan kerana itulah Tuhan menjanjikan negara yang hebat akan terbentuk melaluinya. Tuhan juga berjanji bahawa dia akan menjadi rahmat.

Tuhan juga berjanji kepada Abram dalam Kejadian 12:3, "Aku akan memberkati orang-orang yang memberkati engkau, dan mengutuk orang-orang yang mengutuk engkau. Dan olehmu semua kaum di muka bumi akan mendapat berkat." Selepas ini, apabila Tuhan melihat bagaimana Abraham menyerahkan haknya dan berkorban untuk anak saudaranya Lot, Tuhan mengurniakannya firman rahmat lagi. Kejadian 13:14-16 menyatakan, "Pandanglah sekelilingmu dan lihatlah dari tempat engkau berdiri itu ke timur dan barat, utara dan selatan, sebab seluruh negeri yang kau lihat itu akan Ku berikan kepadamu dan kepada keturunanmu untuk selama-lamanya. Aku membuat keturunanmu sebanyak debu di bumi." Tuhan juga berjanji kepadanya dalam Kejadian 15:4-5, "'...melainkan anak kandungmu, dialah yang akan menjadi ahli warismu.' Lalu Dia membawa Abram ke luar serta berfirman, 'Cuba lihat ke langit, hitunglah bintang-bintang, jika engkau dapat menghitungnya.' Maka firman-Nya kepadanya, 'Demikianlah banyaknya nanti keturunanmu.'"

Selepas memberikan Abraham mimpi dan visi, Dia memimpin Abraham melalui ujian. Mengapa kita memerlukan ujian? Katakanlah bahawa jurulatih atau pelatih memilih atlet dengan potensi yang besar, cukup untuk menjadi wakil negara ke Olimpik. Namun, atlet ini tidak boleh menjadi pemenang medal emas secara automatik. Atlet perlu bertahan dan bertahan melalui pelbagai sesi latihan dan memberikan usaha tidak berbelah bahagi untuk mencapai impiannya.

Hal ini juga sama bagi Abraham. Dia perlu memperoleh kualiti dan ciri-ciri yang diperlukan untuk memenuhi janji Tuhan dengan melalui ujian. Oleh itu, walaupun semasa melalui ujian sebegini, Abraham hanya bertindak balas dengan "Amen" dan tidak berkompromi dengan fikirannya sendiri. Selain itu, dia tidak mencari manfaat sendiri atau menyerah diri dengan sifat penting diri atau benci, kemarahan, aduan, hiba, cemburu atau iri hati. Dia hanya mempercayai janji Tuhan akan rahmat dan taat dengan sabar.

Kemudian Tuhan memberikannya satu lagi janji. Dalam Kejadian 17:4-6, Tuhan berfirman kepada Abram, "Dari pihak-Ku, inilah perjanjian-Ku dengan engkau: Engkau akan menjadi bapa sejumlah besar bangsa. Kerana itu namamu bukan lagi Abram, melainkan Abraham, kerana engkau telah Aku tetapkan menjadi bapa sejumlah besar bangsa. Aku akan membuat engkau beranak cucu sangat banyak; engkau akan Aku buat menjadi bangsa-bangsa, dan daripadamu akan berasal raja-raja."

Tuhan mencipta bekas berkualiti melalui ujian

Sesetengah orang berdoa kepada Tuhan untuk memiliki mimpi yang timbul daripada ketamakan mereka sendiri. Disebabkan ketamakan, mereka meminta Tuhan untuk kerja yang baik atau kekayaan yang tidak sesuai dengan mereka. Jika kita berdoa sebegini disebabkan sifat pentingkan diri, kita tidak boleh menerima jawapan daripada Tuhan (Yakobus 4:3).

Oleh itu, kita perlu berdoa untuk mimpi dan visi yang datang daripada Tuhan. Apabila kita beriman dengan Firman Tuhan dan taat, Roh Kudus mengambil alih hati dan membimbing kita agar kita boleh mencapai impian kita. Kita tidak dapat melihat sesaat pun akan masa depan. Namun, jika kita mengikuti panduan Roh Kudus yang tahu bahawa segala perkara yang akan berlaku pada masa depan, maka kita boleh mengalami kuasa Tuhan. Apabila kita meruntuhkan fikiran daging kita dan menyerah diri kepada Kristus, Roh Kudus mengambil alih dan membimbing kita.

Jika Tuhan memberikan kita mimpi, kita perlu menjaganya dengan selamat dalam hati kita. Hanya kerana mimpi tidak menjadi kenyataan selepas sehari, sebulan atau pun setahun berdoa, kita tidak boleh mengadu. Tuhan yang memberikan kita mimpi dan visi, kadangkala membimbing kita melalui ujian untuk menjadikan kita bekas yang berbaloi untuk mencapai mimpi dan visi tersebut. Apabila kita menjadi orang yang tahu cara untuk mentaati Tuhan melalui ujian ini, itulah masanya doa kita dimakbulkan. Namun, disebabkan fikiran Tuhan dan fikiran manusia berbeza, kita perlu sedar bahawa sehingga kita dapat memecahkan fikiran daging kita dan taat dengan keimanan, ujian akan terus menimpa. Oleh itu, kita perlu ingat bahawa ujian diberi kepada kita agar kita boleh menerima jawapan daripada Tuhan, maka daripada mengelak daripada ujian, kita perlu menerimanya dengan kesyukuran.

Tuhan menyediakan jalan keluar, walaupun dalam ujian

Jika kita patuh, Tuhan akan menyebabkan segala perkara bekerja untuk kebaikan. Dia akan sentiasa memberikan kita jalan keluar daripada ujian. Dalam Kejadian bab 12, anda akan melihat bahawa selepas memasuki negeri Kanaan. terdapat kebuluran yang dahsyat, maka Abraham pergi bawah ke Mesir.

Disebabkan isterinya Sarah sangat cantik, Abraham takut bahawa orang di Mesir mungkin mengingininya dan membunuh Abraham untuk memiliki isterinya. Pada tempoh zaman tersebut, hal ini mungkin berlaku, maka Abraham memperkenalkan Sarah sebagai adiknya. Secara teknikal, Sarah merupakan adik tirinya, maka ini bukanlah suatu penipuan. Namun pada zaman itu, iman Abraham belum dipupuk sepenuhnya lagi di mana dia merujuk kepada Tuhan tentang segala-galanya. Maka, inilah kes di mana dia bergantung pada fikiran dagingnya.

Sarah begitu cantik sehinggakan Firaun Mesir membawanya masuk ke istananya. Abraham berasa dengan memberitahu orang bahawa isterinya adalah adiknya merupakan cara terbaik bagi situasinya, namun hal ini menyebabkan dia kehilangan isterinya.

Melalui insiden ini, Abraham mempelajari pengajaran yang besar dan daripada saat itu dan seterusnya, dia belajar untuk menyerahkan segala-galanya kepada Tuhan.

Hasilnya, Tuhan menurunkan wabak yang besar kepada Firaun dan seisi keluarganya disebabkan Sarah dan Firaun dengan segera mengembalikan Sarah kepada Abraham. Disebabkan Abraham bergantung kepada fikiran dagingnya, dia melalui kesukaran sementara, tetapi akhirnya, dia tidak tercedera dan dia memiliki harta duniawi yang banyak termasuk kambing biri-biri, lembu, hamba dan keldai. Seperti yang tertulis dalam Roma 8:28, "Kita tahu sekarang, bahawa Tuhan turut bekerja dalam segala sesuatu untuk mendatangkan kebaikan bagi mereka yang mengasihi Dia, iaitu bagi mereka yang terpanggil sesuai dengan rencana Tuhan." kerana bagi orang yang taat kepada-Nya, Dia menyediakan jalan keluar daripada ujian dan bersama mereka menempuhi ujian tersebut. Mereka mungkin menghadapi kesusahan buat seketika, tetapi akhirnya mereka akan lulus dengan keimanan dan menerima rahmat.

Katakanlah seseorang menyara hidup dengan upah harian. Jika dia memerhatikan Hari Tuhan, keluarganya akan berlapar selama sehari. Dalam situasi ini, orang yang beriman akan mematuhi perintah Tuhan dan memelihara Hari Tuhan, walaupun hal ini bermakna dia akan berlapar. Maka adakah orang dan keluarga tersebut akan berlapar? Sudah tentu tidak! Sama seperti Tuhan menghantar manna untuk memberi makan kepada kaum Israel, Tuhan akan memberi makan dan memberi pakai orang yang taat dengan kasih sayang.

Disebabkan itulah dalam Matius 6:25, Yesus bersabda "Janganlah khuatir akan hidupmu, akan apa yang hendak kamu makan atau minum, dan janganlah khuatir pula akan tubuhmu, akan apa yang hendak kamu pakai." Burung di udara tidak menanam atau menuai mahupun mereka tidak menyimpan makanan. Bunga lili di padang tidak bekerja mahupun berpusing. Namun, Tuhan memberi mereka makan dan pakaian. Maka, tidakkah Tuhan menjaga anak-Nya sendiri yang mentaati-Nya dan mencari kehendak-Nya agar mereka tidak menghadapi kesukaran?

Tuhan merahmati walaupun semasa ujian

Apabila kita meneliti orang sebegini yang bertindak mengikut Firman Tuhan dan menjaga diri pada laluan yang benar, kita boleh melihat bahawa semasa diuji, Tuhan menyebabkan segala perkara untuk bekerja demi kebaikan pada akhirnya. Walaupun keadaan semasa di hadapan mata mereka tampak sukar dan menyusahkan, akhirnya, keadaan tersebut yang akan menjadi rahmat.

Apabila kerajaan selatan Yudah dimusnahkan, tiga orang sahabat Daniel ditangkap masuk ke Babel. Walaupun mereka diugut untuk dibuang ke dalam perapian, mereka tidak menyembah berhala dan mereka tidak berkompromi dengan dunia sedikit pun. Disebabkan mereka mempercayai kuasa Tuhan, mereka percaya bahawa walaupun mereka dimasukkan ke dalam perapian, Tuhan akan dapat menyelamatkan mereka. Walaupun jika mereka tidak diselamatkan, mereka tekad untuk mengekalkan keimanan mereka dan tidak menyembah mana-mana berhala. Inilah jenis iman yang mereka tunjukkan. Bagi mereka, Hukum Tuhan lebih penting daripada undang-undang negara mereka.

Apabila raja mendengar keingkaran pemuda ini, dia menjadi marah dan meningkatkan suhu perapian tujuh kali ganda berbanding suhu asalnya. Tiga sahabat Daniel diikat dan dicampak masuk ke perapian menyala. Namun disebabkan Tuhan melindungi mereka, tidak sehelai rambut mereka pun terbakar mahupun bau api ada pada mereka (Daniel 3:13-27).

Daniel juga melalui perkara yang sama. Walaupun terdapat perintah yang mengatakan sesiapa yang berdoa kepada mana-mana manusia atau tuhan selain daripada raja, mereka akan dicampak masuk ke dalam sangkar singa, Daniel hanya mentaati kehendak Tuhan. Dia tidak melakukan dosa dengan berhenti berdoa, dan mengikut rutin hariannya, dia terus berdoa menghadap ke Yerusalem tiga kali sehari. Akhirnya, Daniel dicampak masuk ke dalam sangkar singa, tetapi Tuhan menghantar malaikat dan menutup mulut singa agar Daniel tidak dicederakan langsung.

Betapa indahnya untuk melihat manusia tidak berkompromi dengan dunia untuk memelihara keimanan mereka! Orang salih hidup berdasarkan iman sahaja. Apabila anda menyenangi Tuhan dengan iman, Dia akan membalas dengan rahmat. Walaupun hidup anda seakan-akan ditolak sehingga tiada jalan keluar, jika anda taat dan menunjukkan keimanan anda sehingga akhirnya, maka Tuhan akan membuka jalan keluar untuk anda dan Dia akan sentiasa bersama anda.

Abraham juga dirahmati semasa menghadapi ujian. Bukan setakat itu, orang yang bersama dengannya pun dirahmati disebabkan Daniel. Kini, air sangat bernilai di rantau Timur Tengah di mana Israel terletak. Ia juga sangat berharga di zaman Abraham. Namun ke mana-mana saja Abraham pergi, bukan sahaja bekalan air menjadi banyak, tetapi kerana dia sangat dirahmati, anak saudaranya Lot juga berkongsi rahmat Abraham dan mempunyai kawanan haiwan ternak yang begitu besar dan perak serta emas yang banyak.

Pada zaman itu, memiliki banyak lembu bermaksud makanan dan kekayaan yang banyak. Apabila anak saudaranya, Lot ditangkap, Abraham mengerahkan 318 orang hambanya yang terlatih untuk menyelamatkan Lot. Ini sendiri menunjukkan betapa berpengaruhnya Abraham. Disebabkan Abraham yang tekun mentaati Firman Tuhan, tanah dan rantau tempat dia tinggal dirahmati dan orang yang bersama dengannya juga dirahmati.

Raja negara jiran sekalipun tidak boleh melakukan apa-apa kepada Abraham kerana dia sangat dipandang tinggi. Abraham menerima semua rahmat yang boleh diterima seseorang sepanjang hidupnya: kemasyhuran dan kekayaan, kuasa, kesihatan dan anak. Seperti yang tercatat dalam Ulangan bab 28, Abraham sejenis manusia yang menerima rahmat apabila dia masuk dan apabila dia keluar. Selain itu, sebagai anak Tuhan yang sejati, dia menjadi asas rahmat dan bapa keimanan. Tambahan lagi, dia sudah memahami lubuk hati Tuhan, maka Tuhan pun dapat berkongsi hati-Nya dengan Abraham dan boleh menggelarnya 'sahabat'. Betapa hebatnya mulia dan rahmat Tuhan!

Sifat Ibrahim sebagai bekas

Sebab Abraham sangat dirahmati adalah kerana dia mempunyai 'ciri-ciri bekas' yang baik. Dia merupakan manusia yang mempunyai kasih seperti yang diperihalkan dalam 1 Korintus bab 13 dan dia melahirkan sembilan buah Roh Kudus seperti yang diceritakan dalam Galatia bab 5.

Misalnya, Abraham bertindak dengan kebaikan dan kasih sayang dalam segala perkara. Dia tidak pernah membenci atau bermusuh dengan orang lain. Dia tidak pernah menyatakan kelemahan orang lain dan dia melayan semua orang. Disebabkan dia mempunyai buah kegembiraan, tanpa mengira apa-apa ujian yang melanda, dia tidak pernah bersedih atau marah. Disebabkan dia benar-benar mempercayai Tuhan, dia boleh bergembira pada bila-bila masa. Apa-apa pun situasinya, dia tidak pernah bereaksi dengan emosi atau membuat keputusan berat sebelah. Dia seorang yang sabar dan sentiasa mendengar suara Tuhan.

Abraham juga merupakan orang yang berbelas kasihan. Apabila dia perlu berpisah dengan anak saudaranya, walaupun dia lebih tua berbanding Lot, dia memberikan Lot pilihan pertama dalam memilih tanah yang diingini. Dia berkata, "Jika kau pergi ke kiri, aku akan pergi ke kanan. Jika kau pergi ke kanan, aku akan pergi ke kiri," dan dia membenarkan Lot untuk memilih tanah yang lebih baik. Kebanyakan orang akan berasa orang yang berada pada kedudukan atau pangkat yang lebih tinggi sepatutnya mendapat pilihan yang lebih baik. Walau bagaimanapun, Abraham merupakan manusia yang boleh merendahkan diri di hadapan orang lain dan melayan serta mengorbankan diri untuk orang lain.

Selain itu, disebabkan Abraham telah memupuk hati kebaikan rohani, apabila Lot sedang menghadapi kemusnahan dengan tanah Sodom, dia campur tangan bagi pihak mereka (Kejadian 18:22-32). Hasilnya, dia menerima janji daripada Tuhan bahawa Dia akan memusnahkan bandar jika terdapat sepuluh orang salih yang ditemui di sana. Walau bagaimanapun, Sodom dan Gomora tidak memiliki sepuluh orang salih pun dan akhirnya dimusnahkan. Namun pada ketika itu pun, Tuhan menyelamatkan Lot disebabkan Abraham.

Seperti yang tertulis dalam Kejadian 19:29, "Demikianlah pada waktu Tuhan memusnahkan kota-kota di Lembah Yordan dan menterbalikkan kota-kota kediaman Lot, maka Tuhan ingat kepada Abraham, lalu dikeluarkan-Nyalah Lot dari tengah-tengah tempat yang diterbalikkan itu.," Tuhan menyelamatkan anak saudara Abraham yang dikasihi, Lot agar Abraham tidak berasa sedih.

Abraham taat setia kepada Tuhan sehingga sanggup mengorbankan satu-satunya anaknya iaitu Ishak yang diterima pada umur seratus tahun. Sama ada mengajar anaknya atau tentang hubungan dengan hamba dan jirannya, dia sangat sempurna dan taat setia dengan semua isi rumah Tuhan sehinggakan dia boleh dianggap tiada cacat cela. Dia tidak pernah berhadapan dengan sesiapa secara kasar; dia sentiasa bersikap aman dan lembut. Dia melayan dan membantu orang lain dengan hati yang sangat indah. Dia juga sangat pandai mengawal diri dengan apa-apa yang dilakukan, dia tidak pernah berkelakuan sumbang atau melampaui batas.

Seperti ini, Abraham benar-benar menghasilkan sembilan buah Roh Kudus hinggakan dia tidak kekurangan sebarang buah pun. Dia juga mempunyai hati yang baik. Hal ini kerana dia merupakan bekas yang sangat baik. Namun, untuk menjadi manusia dirahmati seperti Abraham bukanlah perkara yang sukar langsung. Kita cuma perlu menirunya. Disebabkan Tuhan Pencipta Maha Kuasa adalah Bapa kita, tidak mungkinlah Dia tidak memakbulkan doa dan permintaan anak-Nya?

Proses menjadi seperti Abraham ini tidak sepatutnya sukar langsung. Satu-satunya bahagian sukar adalah jika fikiran kita sendiri merayau jauh. Jika kita benar-benar mempercayai dan bergantung pada Tuhan dan mentaati-Nya, maka Tuhan Abraham akan menjaga kita dan membimbing kita menuju jalan kerahmatan!

Senarai Istilah dan Penjelasan Konsep

Ketaatan dan rahmat Nuh, lelaki yang salih

"Inilah riwayat Nuh. Nuh adalah seorang yang benar dan tidak bercela di antara orang-orang sezamannya; dan Nuh itu hidup bergaul dengan Tuhan. Nuh memperanakkan tiga orang laki-laki: Sem, Ham dan Yafet" (Kejadian 6:9-10).

Manusia pertama iaitu Adam menghabiskan masa yang sangat panjang di Taman Eden. Namun, setelah dia berdosa, dia dibuang daripada Taman Eden dan kemudian tinggal di Bumi. Selepas 1,000 tahun kemudian, Noh dilahirkan sebagai keturunan Set, seorang lelaki yang mentaati Tuhan. Noh yang juga merupakan keturunan Enokh, belajar daripada ajaran bapanya Lamekh dan datuknya Metuselah dan akhirnya membesar sebagai manusia kebenaran dalam dunia yang berdosa. Disebabkan dia mahu memberikan Tuhan segala-galanya yang dia ada, dia memelihara kesucian hatinya dan tidak berkahwin sehingga dia mengetahui bahawa Goad mempunyai rancangan khas bagi hidupnya. Maka, pada umur lima ratus tahun, Noh berkahwin dan mula berkeluarga (Kejadian 5:32).

Noh tahu akan penghakiman banjir dan pemupukan manusia akan bermula semula sekali lagi melaluinya. Oleh itu, dia mendedikasikan hidupnya dengan mentaati kehendak Tuhan. Kerana itulah Tuhan memilih Noh sebagai manusia salih dan akan mentaati Tuhan sepenuh hati dengan membina bahtera tanpa memberikan fikiran, sebab atau alasannya.

Simbol rohani bahtera Nuh

"Buatlah bagimu sebuah bahtera dari kayu gofir; bahtera itu harus kau buat berpetak-petak dan harus kau tutup dengan pakal dari luar dan dari dalam. Beginilah engkau harus membuat bahtera itu: tiga ratus hasta panjangnya, lima puluh hasta lebarnya dan tiga puluh hasta tingginya. Buatlah atap pada bahtera itu dan selesaikanlah bahtera itu sampai sehasta dari atas, dan pasanglah pintunya pada lambungnya; buatlah bahtera itu bertingkat bawah, tengah dan atas" (Kejadian 6:14-16).

Bahtera Noh merupakan struktur yang sangat besar: Panjang 138 meter, lebar 23 meter dan tinggi 14 meter, ia dibina 4,500 tahun yang lalu. Sebagai hasil pengaruh orang di Taman Eden, pengetahuan dan kemahiran Noh sangat luar biasa, tetapi disebabkan dia membina bahtera mengikut rekaan yang diberikan Tuhan kepadanya, Noh dan keluarganya seramai lapan orang dan segala jenis haiwan yang berbeza dapat hidup selama 40 hari Banjir dan mereka tinggal di bahtera selama lebih daripada setahun.

Bahtera merupakan lambang rohani Firman Tuhan dan memasuki bahtera melambangkan penyelamatan. Tiga dek dalam bahtera melambangkan hakikat Tuhan Triniti iaitu Bapa, Anak dan Roh Kudus yang akan melengkapkan sejarah pemupukan manusia.

Gunung Ararat, di mana bahtera berlabuh

Penghakiman banjir yang berlaku semasa keadilan Tuhan
"Lalu berfirmanlah TUHAN kepada Nuh, 'Masuklah ke dalam bahtera itu, engkau dan seisi rumahmu, sebab engkaulah yang Aku lihat benar di hadapan-Ku di antara orang zaman ini" (Kejadian 7:1).

Sebab tujuh hari lagi Aku akan menurunkan hujan ke atas bumi empat puluh hari empat puluh malam lamanya, dan Aku akan menghapuskan dari muka bumi segala yang ada, yang Aku jadikan itu.' Lalu Nuh melakukan segala yang diperintahkan TUHAN kepadanya" (Kejadian 7:4-5).

Tuhan memberikan orang ramai banyak peluang untuk bertaubat sebelum banjir berlaku. Sepanjang tempoh yang diambil untuk melengkapkan bahtera, Tuhan memerintahkan Noh untuk menyebarkan mesej taubat kepada orang ramai, tetapi hanya ahli keluarga Noh beriman dan mematuhi perintahnya. Memasuki bahtera melambangkan meletakkan semua perkara yang dinikmati di dunia ini di belakang anda dan membuangnya keluar.

Walaupun orang ramai tersebut sudah terlalu melampaui batas untuk berpaling, Tuhan pun memberikan mereka amaran selama tujuh hari untuk bertaubat dan mengelakkan penghakiman. Dia tidak mahu mereka menghadapi penghakiman. Dengan hati yang dipenuhi kasih sayang dan belas kasihan, Tuhan memberikan mereka peluang sehingga ke akhirnya. Walau bagaimanapun, tidak seorang pun yang bertaubat atau berjalan masuk ke dalam bahtera. Hakikatnya, mereka lebih giat berdosa! Akhirnya, mereka terjerumus dalam Penghakiman Banjir.

Berkenaan Penghakiman

"... akan penghakiman, kerana penguasa dunia ini telah dihukum."

(Yohanes 16:11)

"TUHAN mengadili bangsa-bangsa. Hakimilah aku, TUHAN, apakah aku benar, dan apakah aku tulus ikhlas." (Mazmur 7:8)

"Engkau mengatakan, 'Aku tidak bersalah. Sudah tentu Tuhan tidak marah kepadaku.' Jadi, Aku juga menghakimi kamu selaku pendusta, kerana engkau mengatakan, 'Aku tidak melakukan yang salah.' (Yeremia 2:35)

"Tetapi Aku berkata kepadamu, setiap orang yang marah terhadap saudaranya harus dihukum; siapa yang berkata kepada saudaranya: 'Kafir,' Dia harus dihadapkan ke mahkamah agama dan siapa yang berkata, 'Jahil,' harus diserahkan ke dalam neraka yang menyala-nyala." (Matius 5:22)

"... dan mereka yang telah berbuat baik akan keluar dan bangkit untuk hidup yang kekal, tetapi mereka yang telah berbuat jahat akan bangkit untuk dihukum." (Yohanes 5:29)

"Dan sama seperti manusia-manusia ditetapkan untuk mati hanya satu kali saja, dan sesudah itu dihakimi," (Ibrani 9:27)

"Sebab penghakiman yang tak berbelas kasihan akan berlaku atas orang yang tidak berbelas kasihan. Tetapi belas kasihan akan menang atas penghakiman." (Yakobus 2:13)

"Kemudian aku melihat orang mati, besar dan kecil, berdiri di hadapan takhta itu. Kemudian Kitab Kehidupan dibuka. Kitab-kitab lain juga dibuka. Mereka dihakimi menurut perbuatannya. Perbuatannya telah tertulis di dalam kitab-kitab itu." (Wahyu 20:12)

Bab 11

Dosa Ingkar Terhadap Tuhan

"Lalu kepada Adam Tuhan berfirman, 'Kerana engkau mendengarkan perkataan isterimu dan memakan dari buah pohon, yang telah Ku perintahkan kepadamu: Jangan makan dari padanya, maka terkutuklah tanah kerana engkau; dengan bersusah payah engkau akan mencari rezekimu dari tanah seumur hidupmu. Kedua-dua duri dan rumput itu akan tumbuh untuk kamu; dan kamu akan memakan tanaman di padang; dengan keringat wajahmu, kamu akan makan roti, sampai kamu kembali ke tanah, kerana daripadamu kamu telah diambil; kerana kamu adalah debu, dan kepada debu kamu akan kembali.'"
(Kejadian 3:17-19)

Ramai orang berkata kehidupan itu adalah kesusahan. Alkitab menyatakan orang yang dilahirkan di dunia ini dan menjalani kehidupan adalah suatu yang menyakitkan. Dalam Ayub 5:7, Elifaz berkata kepada Ayub, yang sedang mengalami kesusahan, "Kerana manusia dilahirkan untuk masalah, seperti percikan terbang ke atas" Orang yang mempunyai sedikit tenaga hidup, dan orang yang mempunyai banyak tenaga untuk masalah yang berbeza dalam kehidupan. Dan setelah seseorang itu bekerja keras untuk tujuan tertentu dan matlamatnya tercapai, senja kehidupan telah menghampirinya. Apabila tiba masanya, orang yang paling sihat juga akan mati.

Tiada seorang pun boleh menghindari kematian, jadi jika anda melihatnya, hidup ini seperti kabus sementara, atau awan yang tinggi. Jadi apa sebabnya orang menghadapi semua jenis percubaan yang berbeza dalam kehidupan "tikus-roda" ini? Alasan pertama ialah kerana dosa tidak mematuhi Tuhan. Melalui Adam, Saul, dan Kain, kita dapat melihat secara terperinci hasil daripada melakukan dosa kerana melanggar perintah Tuhan.

Adam, manusia yang dicipta berdasarkan imej Tuhan

Tuhan Pencipta telah menciptakan manusia pertama, Adam, dalam gambarnya sendiri, kemudian menghembuskan nafas ke nafas kehidupannya, dan ia menjadi makhluk hidup, atau roh yang hidup (Kejadian 2:7). Tuhan menanam taman di sebelah timur di Eden dan menempatkan manusia itu di sana. Kemudian Dia berfirman, "'Engkau bebas makan buah-buahan dari semua pohon di taman ini; kecuali dari pohon yang memberi pengetahuan tentang yang baik dan yang jahat. Buahnya tidak boleh engkau makan; jika engkau memakannya, engkau pasti akan mati pada hari itu juga" (Kejadian 2:16-17).

Selepas melihat tidak elok membiarkan Adam bersendirian, Tuhan mengambil salah satu rusuk Adam dan menjadikan Hawa. Tuhan memberkati dan memberitahu mereka untuk menjadi berbuah dan beranak. Tuhan juga membenarkan Adam memerintah ikan di laut, burung-burung di langit, dan setiap benda hidup yang bergerak di bumi (Kejadian 1:28). Selepas menerima berkat yang besar dari Tuhan, Adam dan Hawa mempunyai banyak makanan, banyak keturunan, dan menjalani kehidupan yang makmur.

Pada mulanya, sama seperti bayi yang lahir, Adam tidak mempunyai apa-apa dalam ingatannya. Dia benar-benar kosong. Walau bagaimanapun, Tuhan berjalan dengan Adam dan mengajarkan banyak perkara supaya dia boleh memerintah ke atas semua penciptaan. Tuhan mengajarkan Adam tentang diri-Nya, alam semesta dan undang-undang rohani. Tuhan juga mengajarkan Adam cara untuk hidup sebagai manusia rohani. Dua mengajarkan pengetahuan yang baik dan jahat. Selama beberapa tahun Adam mentaati perintah Tuhan dan hidup lama di Taman Eden.

Adam memakan buah terlarang

Pada suatu hari Iblis dan Syaitan, penguasa udara, menghasut ular yang merupakan ciptaan yang paling licik dan menggoda Hawa melaluinya. Ular yang dihasut oleh Syaitan mengetahui bahawa Tuhan telah memberitahu manusia itu untuk tidak memakan dari pohon di tengah-tengah Taman Eden. Dalam usaha menggoda Hawa, ular bertanya, "Sesungguhnya Tuhan telah berfirman 'Jangan kamu makan dari pohon dalam taman ini'?" (Kejadian 3:1)

Bagaimanakah Hawa menjawab soalan ini? Dia berkata, "Kami boleh makan buah dari pohon di taman ini tetapi buah pohon yang berada di tengah-tengah taman, Tuhan telah berfirman, 'Kamu tidak boleh memakannya, kerana itu kamu mati'" (Kejadian 3:2-3, NKJV). Tuhan berfirman dengan jelas, "Sebab pada hari engkau memakannya, pastilah engkau mati" (Kejadian 2:17). Kenapa Hawa mengubah firman Tuhan menjadi "kerana itu kamu mati"? "Kerana itu" bermaksud "takut akan sesuatu". Perkataan ini menunjukkan tiada kata putus. "Takut akan mati" dan "Pasti mati" sememangnya berbeza. Ini membuktikan bahawa dia tidak menyematkan firman Tuhan di dalam hatinya. Jawapannya membuktikan bahawa dia tidak mempunyai kepercayaan mutlak bahawa mereka "pasti akan mati".

Ular yang licik itu tidak melepaskan peluang ini dan terus berkata, "Kamu pasti tidak akan mati! Kerana Tuhan mengetahui bahawa pada waktu kamu memakannya matamu akan terbuka, dan kamu akan menjadi seperti Tuhan, mengetahui tentang yang baik dan yang jahat." (Kejadian 3:4-5). Ular itu bukan sahaja menipu, ia juga memasukkan sifat tamak ke dalam Hawa! Oleh kerana ular itu memasukkan rasa tamak ke dalam hati Hawa, pokok pengetahuan tentang yang baik dan jahat, yang selama ini tidak pernah terlintas di hatinya mula kelihatan menarik dan enak. Ia nampak cukup elok untuk menjadikan seseorang itu bijak! Akhirnya, Hawa makan buah terlarang itu dan memberikan kepada suaminya untuk menelannya.

Akibat dosa Adam kerana ingkar terhadap Tuhan

Jadi inilah kisah Adam yang merupakan leluhur manusia mengingkari perintah Tuhan. Oleh kerana Adam dan Hawa tidak menerangkan kata-kata Tuhan di dalam hati mereka, mereka jatuh ke dalam godaan Iblis dan Syaitan dan tidak mematuhi perintah Tuhan. Jadi, seperti yang difirmankan oleh Tuhan, Adam dan Hawa 'pasti akan mati'.

Walau bagaimanapun, semasa kita membaca Alkitab, kita melihat bahawa mereka tidak mati serta-merta. Sebenarnya mereka hidup beberapa tahun dan mempunyai banyak anak. Apabila Tuhan berkata, "Kamu pasti akan mati," Dia tidak bermaksud kematian fizikal yang mudah di mana seseorang berhenti bernafas. Dia merujuk kepada kematian asas iaitu kematian roh. Pada mulanya, manusia diciptakan dengan roh yang dapat berkomunikasi dengan Tuhan, jiwa yang dikendalikan oleh roh, dan tubuh yang berfungsi sebagai kemahuan untuk roh dan jiwa (1 Tesalonika 5:23). Oleh itu apabila manusia melanggar perintah Tuhan, roh yang merupakan tuan manusia, telah mati.

Oleh kerana roh manusia mati akibat dari dosa mengingkari

Tuhan, komunikasinya dengan Tuhan telah terputus, sehingga dia tidak dapat hidup di Taman Eden. Ini kerana orang berdosa tidak boleh wujud bersama dengan Tuhan. Inilah saat kesusahan manusia bermula. Kesakitan wanita dalam melahirkan anak digandakan, dengan kesakitan ia akan melahirkan anak-anak; keinginannya untuk suami, dan dia akan mengawalnya. Dan manusia terpaksa bekerja sepanjang hari dalam hidupnya untuk makan dari tanah yang dikutuk kerananya (Kejadian 3:16-17). Semua ciptaan dikutuk bersama Adam dan terpaksa menderita dengannya. Semua keturunan Adam dari garis keturunannya dilahirkan sebagai orang berdosa dan diletakkan di jalan kematian.

Sebab Tuhan meletakkan pohon pengetahuan tentang kebaikan dan kejahatan

Ada yang mungkin tertanya-tanya, "Adakah Tuhan Yang Maha Kuasa tidak mengetahui bahawa Adam akan memakan buah yang dilarang itu? Jika Dia tahu, mengapa Dia meletakkannya di Taman Eden dan membenarkan Adam untuk mengingkari? Sekiranya buah terlarang tidak wujud, bukankah itu telah menghalang Adam daripada berdosa?" Walau bagaimanapun, jika Tuhan tidak meletakkan buah terlarang di Taman, adakah Adam dan Hawa akan merasakan kesyukuran, kegembiraan, kebahagiaan, dan kasih sayang? Tujuan Tuhan untuk meletakkan buah yang dilarang di Taman Eden itu bukanlah untuk menghantar kita ke jalan menuju kematian. Itu adalah rahmat Tuhan, untuk mengajar kita tentang relativiti.

Oleh kerana segala-galanya di Taman Eden adalah kebenaran, orang-orang di Taman tidak dapat memahami apa maknanya kejahatan. Manusia tidak mengetahui tentang benci, penderitaan, kesakitan atau kematian kerana kejahatan tidak wujud di sana. Jadi, secara relatifnya, manusia di sana tidak dapat memahami bahawa kehidupan yang benar-benar bahagia itu merupakan apa yang mereka alami. Oleh kerana mereka tidak pernah mengalami rasa tidak bahagia, mereka tidak tahu tentang kebahagiaan sejati dan kesusahan sebenar. Itulah sebabnya pokok pengetahuan tentang yang baik dan yang jahat diperlukan.

Tuhan ingin memiliki anak-anak sebenar yang benar-benar memahami kasih sayang dan kebahagiaan. Sekiranya Adam mengetahui kebahagiaan sebenar ketika dia berada di Taman Eden, bagaimanakah dia dapat mengingkari Tuhan? Inilah sebabnya Tuhan meletakkan pokok pengetahuan di Taman, dan menyemai manusia di bumi sehingga manusia dapat mempelajari relativiti benda. Melalui proses penyemaian ini, manusia mengalami kejayaan dan kegagalan, baik dan buruk, semuanya melalui relativiti. Selepas manusia belajar kebenaran melalui proses ini, barulah manusia benar-benar memahami dan mengasihi Tuhan dari lubuk hatinya.

Cara untuk bebas daripada sumpahan yang disebabkan oleh dosa

Semasa Adam tinggal di Taman Eden, dia mematuhi Tuhan dan belajar tentang kebaikan dari Tuhan. Namun selepas dia menderhaka, keturunannya menjadi hamba kepada syaitan, dan mereka menjadi lebih teruk dan dicemari oleh kejahatan selama beberapa generasi. Semakin lama masa berlalu, mereka menjadi semakin jahat. Mereka bukan sahaja dilahirkan dengan dosa yang diwarisi dari ibu bapa mereka, tetapi mereka juga melakukan lebih banyak dosa dalam fikiran ketika mereka membesar dan belajar melalui penglihatan dan pendengaran. Tuhan tahu Adam akan makan buah yang dilarang. Dia tahu seluruh dunia ini akan dipenuhi dengan dosa. Dia juga tahu bahawa manusia akan pergi ke jalan kematian. Itulah sebabnya Dia menyiapkan Juruselamat, Yesus Kristus, sebelum zaman terdahulu. Apabila masa yang ditetapkan tiba, Dia menghantar Yesus ke dunia ini.

Yesus menyebarkan injil kerajaan syurga dan melakukan

mukjizat dan keajaiban untuk mengajar manusia tentang kehendak Tuhan. Kemudian Dia disalib dan menumpahkan darah suci-Nya untuk menebus dosa semua umat manusia. Oleh itu, sesiapa yang menerima Yesus Kristus akan menerima Roh Kudus sebagai hadiah. Jalan mencapai keselamatan telah dibuka untuk mereka yang membuang kefasikan dan hidup dalam kebenaran dengan mengikuti bimbingan Roh Kudus. Jika lelaki memulihkan imej Tuhan yang pernah hilang, menghormati Tuhan dan memelihara ketetapan-Nya, yang merupakan kewajipan manusia (Pengkhotbah 12:13), maka mereka dapat menikmati semua berkat yang telah disediakan oleh Tuhan. Mereka dapat menikmati bukan sahaja kekayaan dan kesihatan, tetapi juga kehidupan abadi dalam berkat abadi.

Sebagaimana yang dijelaskan, apabila kita masuk ke Cahaya, kita boleh dibebaskan dari jerat sumpahan dosa. Betapa aman hati kita setelah kita bertaubat, mengaku, dan mengusir dosa kita serta membuat keputusan untuk hidup mengikut Firman Tuhan! Apabila kita percaya kepada Firman Tuhan dan menerima doa, kita dapat melihat bagaimana kita bebas dari penyakit, kesulitan, ujian dan kesengsaraan. Tuhan gembira dengan anak-anak-Nya yang menerima Yesus Kristus dan hidup dalam kebenaran, dan Dia membebaskan mereka dari semua kutukan.

Akibat dosa Saul kerana ingkar terhadap Tuhan

Saul menjadi raja pertama kerana permintaan orang Israel untuk mempunyai raja. Dia berasal dari suku Benyamin, dan tiada orang yang tampan dan lemah lembut seperti dirinya di Israel. Dan ketika Saul dilantik sebagai raja, dia seorang yang sangat rendah hati yang menganggap dirinya kurang berbanding orang lain. Namun selepas menjadi raja, sedikit demi sedikit, Saul mula mengingkari arahan Tuhan. Dia mengecilkan kedudukan paderi besar dan bertindak bodoh (1 Samuel 13:8-13), akhirnya dia melakukan dosa melanggar perintah.

Dalam 1 Samuel bab 15, Tuhan memberitahu Saul untuk menghancurkan seluruh orang Amalek, tetapi Saul tidak mentaatinya. Punca Tuhan menyuruh Saul memusnahkan orang Amalek telah dicatatkan dalam Keluaran bab 17. Ketika orang Israel pergi ke tanah Kanaan selepas keluar dari Mesir, orang Amalek memerangi orang Israel.

Atas sebab ini, Tuhan telah berjanji untuk menghapuskan memori Amalek dari bawah langit (Keluaran 17:14), dan kerana Tuhan tidak mengecualikan, Dia merancang untuk memenuhi janji ini beratus tahun kemudian pada zaman Saul. Melalui Nabi Samuel, Tuhan memerintahkan, "Sekarang pergi dan bunuh orang Amalek dan hancurkanlah segala yang ada padanya, dan janganlah lepaskannya; tetapi hukum mati lelaki dan wanita, anak dan bayi, lembu, domba, unta dan keldai" (ay. 3).

Walau bagaimanapun, Saul mengingkari Tuhan. Dia membawa kembali Raja Agag sebagai tawanan dan membawa kembali kambing domba, lembu, anak lembu, anak domba, dan segala yang baik. Dia ingin menunjukkan keuntungannya kepada rakyat dan menerima pujian mereka. Saul melakukan apa yang dianggap betul oleh fikirannya, tetapi mengingkari Tuhan. Nabi Samuel menjelaskan dengan cara yang Saul akan faham, tetapi Saul masih tidak bertaubat, sebaliknya dia membuat alasan (1 Samuel 15:17-21). Saul berkata bahawa dia membawa kembali domba dan lembu supaya rakyat dapat mempersembahkan korban kepada Tuhan.

Apakah yang anda rasa Tuhan berkata tentang dosa yang melanggar perintah-Nya ini? 1 Samuel 15:22-23 berkata "Sesungguhnya taat kepada Tuhan lebih baik daripada pengorbanan, dan untuk mendengar daripada lemak domba. Kerana pemberontakan adalah sama dengan dosa pemujaan, dan penolakan adalah seperti kejahatan dan penyembahan berhala." Dosa ketidaktaatan sama seperti dosa ramalan dan penyembahan berhala. Ramalan adalah sihir yang merupakan dosa berat tertakluk kepada penghakiman Tuhan, dan penyembahan berhala adalah dosa yang dianggap keji oleh Tuhan.

Akhirnya, Samuel menyesali Saul,"Oleh kerana engkau telah menolak firman TUHAN, maka Dia telah menolak engkau, sebagai raja"(1 Samuel 15:23). Namun Saul masih tidak bertaubat sepenuhnya. Sebaliknya, dia meminta Samuel untuk menghormatinya di hadapan umatnya untuk menjaga imejnya (1 Samuel 15:30). Apa yang lebih menakutkan dan sedih daripada ditolak oleh Tuhan? Akan tetapi ini bukan sahaja berlaku kepada Saul. Ini juga sama seperti kita hari ini. Sekiranya kita tidak mematuhi Firman Tuhan, maka kita tidak boleh mengelakkan pembalasan daripada dosa ini. Ini sama dengan negara dan keluarga kita.

Sebagai contoh, jika seorang hamba tidak mematuhi raja dan bertindak mengikut kehendaknya sendiri, dia harus membayar hukuman kerana kesalahan yang dia dilakukan. Dalam keluarga, jika seorang anak tidak taat kepada ibu bapanya dan menjadi teruk, betapa sedihnya ibu bapa? Oleh kerana pengingkaran boleh menyebabkan kehancuran kedamaian, dan kesakitan serta penderitaan akan datang. Akibat dari pengingkaran Saul kepada Tuhan, dia bukan sahaja kehilangan kehormatan dan kekuasaannya; malah dia diseksa oleh roh-roh jahat, akhirnya dia mati di medan perang dan bertemu pengakhiran yang sengsara.

Akibat dosa Kain kerana ingkar terhadap Tuhan

Dalam Kejadian bab 4, kita melihat dua anak lelaki Adam, Kain dan Abel. Kain bertani, dan Abel mengangkat domba. Tidak lama selepas itu, Kain membuat korban kepada Tuhan dengan hasil dari tanah, dan Abel mempersembahkan korban kepada Tuhan dengan kawanan dan bahagian lemak. Tuhan menyukai Abel dan korban yang dilakukan, tetapi Dia tidak menyukai korban yang dilakukan oleh Kain.

Apabila Adam diusir dari Taman Eden, Tuhan memberitahunya bahawa dia harus membuat pengorbanan dengan menggunakan darah binatang untuk diampuni (Ibrani 9:22). Adam secara khusus mengajar anak-anaknya kaedah pengorbanan dengan darah, Kain dan Abel sangat mengetahui tentang jenis pengorbanan yang dikehendaki oleh Tuhan. Abel mempunyai hati yang baik, jadi dia patuh dan melakukan seperti yang diajar dengan melakukan pengorbanan seperti yang diinginkan oleh Tuhan. Sebaliknya Kain membuat pengorbanan menurut ideanya sendiri mengikut kemudahan. Itulah sebabnya Tuhan menerima korban yang dilakukan oleh Abel dan tidak menerima korban Kain.

Perkara yang sama berlaku kepada kita hari ini. Tuhan berpuas hati dengan ibadah kita apabila kita menyembah-Nya dengan sepenuh hati, fikiran, dan dalam jiwa dan kebenaran. Walau bagaimanapun, jika kita menyembah Tuhan mengikut kehendak kita sendiri, dan jika kita menjalni kehidupan Kristian semata-mata untuk kepentingan kita sendiri, maka kita tidak mempunyai kaitan dengan Tuhan.

Dalam Kejadian 4:7, Tuhan berfirman kepada Kain, "Jika kamu berbuat baik, tidakkah wajahmu akan dinaikkan? Dan jika kamu tidak berbuat baik, dosa sedang mendekati di pintu; dan hasratnya adalah untuk kamu, tetapi kamu mesti menguasainya." Tuhan berusaha untuk menerangkan kepada Kain supaya dia tidak melakukan dosa. Tetapi Kain tidak dapat menguasai dosa dan akhirnya dia membunuh saudaranya.

Jika Kain mempunyai hati yang baik, dia akan bertaubat, dia bersama dengan saudaranya akan membuat korban yang menyenangkan Tuhan dan tiada masalah akan berlaku. Walau bagaimanapun, dia melawan kehendak Tuhan kerana kejahatannya. Ini melahirkan rasa cemburu dan pembunuhan, iaitu kerja daging, dan akibatnya, suatu sumpahan menimpanya. Akhirnya, Tuhan berkata kepada Kain, "Sekarang kamu disumpah dari tanah, yang telah membuka mulutnya untuk menerima darah saudaramu dari tanganmu. Apabila kamu menyemai tanah, ia tidak akan lagi memberi kekuatan kepadamu; kamu akan menjadi seorang yang kurang ajar dan pengembara di bumi," dan dari situ, Kain menjadi seorang lelaki yang sentiasa melarikan diri (Kejadian 4:11-12).

Setakat ini kita belajar melalui kehidupan manusia pertama Adam, Raja Saul, dan Kain, betapa besarnya dosa pengingkaran kepada Tuhan, dan bagaimana ujian dan kesengsaraan yang besar berlaku. Apabila orang beriman yang mengetahui Firman Tuhan tetapi tidak mematuhi, itu adalah mengingkari Tuhan. Sekiranya orang beriman tidak menerima berkat kemakmuran dalam semua bidang kehidupannya, itu bermakna dia melakukan dosa ini terhadap Tuhan dalam cara yang lain.

Oleh itu, kita mesti memusnahkan dinding dosa yang ada di antara kita dan Tuhan. Tuhan menghantar Yesus Kristus dan Firman kebenaran ke dunia ini untuk memberikan kehidupan sejati kepada manusia yang hidup di tengah-tengah penderitaan akibat dosa. Sekiranya kita tidak hidup menurut firman kebenaran ini, akibatnya adalah kematian.

Kita perlu hidup sesuai dengan ajaran Tuhan yang membimbing kita kepada keselamatan, kehidupan kekal, jawapan kepada doa, dan keberkatan. Kita tidak boleh melakukan dosa pengingkaran dengan sentiasa muhasabah diri untuk dosa, bertaubat, dan mematuhi Firman supaya kita dapat menerima keselamatan yang lengkap.

Bab 12

"Aku Akan Musnahkan Manusia dari Dunia"

Ketika dilihat TUHAN, bahawa kejahatan manusia besar di bumi dan bahawa segala kecenderungan hatinya selalu membuahkan kejahatan semata-mata. Maka menyesallah TUHAN, bahawa Dia telah menjadikan manusia di bumi, dan hal itu memilukan hatiNya." Berfirmanlah TUHAN, 'Aku akan menghapuskan manusia yang telah Aku ciptakan itu dari muka bumi, baik manusia mahupun haiwan dan binatang-binatang melata dan burung-burung di udara, sebab Aku menyesal, bahawa Aku telah menjadikan mereka.' Tetapi Nuh mendapat kasih kurnia di mata TUHAN. Inilah riwayat Nuh. Nuh adalah seorang yang benar dan tidak bercela di antara orang-orang sezamannya; dan Nuh itu hidup bergaul dengan Tuhan."
(Kejadian 6:5-9)

Dalam kitab Injil, kita boleh melihat betapa besarnya dosa manusia sewaktu zaman Nuh. Tuhan sangat menyesal mencipta manusia sehinggakan Dia mengumumkan bahawa Dia akan memusnahkan manusia daripada muka bumi melalui Penghakiman Banjir. Tuhan mencipta manusia, Dia berjalan bersamanya dan mencurahkan kasih-Nya yang tidak terhingga kepada manusia, maka mengapa perlu dia menurunkan penghakiman sebegini kepada manusia? Mari kita meneliti sebab bagi penghakiman Tuhan dan bagaimana kita boleh mengelakkan penghakiman Tuhan dan dengan itu, menerima rahmat-Nya.

Perbezaan antara orang yang jahat dengan orang yang baik

Apabila kita berinteraksi dengan orang lain, kita mempunyai tanggapan tertentu terhadap mereka. Kadang kala kita boleh perasan sama ada mereka jahat atau baik. Lazimnya, orang yang membesar dalam persekitaran yang baik dan menerima pendidikan yang sewajarnya mempunyai personaliti yang lemah lembut dan hati yang baik. Berlainan pula dengan orang yang membesar dalam persekitaran yang sukar, melihat dan mengalami banyak perkara jahat yang terpesong daripada kebenaran, mereka ini lebih cenderung untuk memiliki personaliti yang lebih teruk dan mereka mungkin lebih cenderung berbuat jahat. Sudah tentulah ada orang yang akhirnya memilih jalan yang tidak benar walaupun mereka dibesarkan dalam persekitaran yang baik dan juga orang yang dapat mengatasi persekitaran mereka yang kurang elok dan akhirnya menjadi orang yang berjaya dan baik hati. Namun, berapa ramai orang yang boleh dibesarkan dalam persekitaran yang baik dan menerima pendidikan yang bagus dan juga berusaha untuk menjalani kehidupan yang baik?

Jika kita mahu melihat pada orang yang baik sebagai teladan, kita boleh mempertimbangkan Perawan Maria yang melahirkan Yesus dan suaminya, Yusuf. Apabila Yusuf mendapat tahu Maria mengandung walaupun dia belum berkongsi katil dengannya, apa yang dia lakukan? Menurut Hukum zaman tersebut, seseorang yang berzina perlu direjam dengan batu sehingga mati. Walau bagaimanapun, Yusuf tidak mendedahkan Maria kepada umum. Dia mahu memutuskan pertunangan secara senyap. Betapa baiknya hati yang dia miliki!

Bertentangan pula, contoh orang jahat pastilah Absalom. Apabila saudara tirinya, Amnon mencabul adiknya, dia membuat keputusan untuk membalas dendam. Maka, apabila dia dapat peluang, Absalom membunuh Amnon. Dia juga membenci bapanya, Daud berkenaan hal ini. Akhirnya, dia mengetuai pemberontakan menentang bapanya. Semua kejahatan ini menghasilkan pengakhiran yang tragik kepada kehidupan Absalom.

Disebabkan itulah Matius 12:35 menyatakan, "Orang yang baik menyimpan yang baik dalam hatinya maka ia membicarakan yang baik. Orang jahat menyimpan yang buruk dalam hatinya maka yang keluar dari mulutnya yang tidak baik." Bagi kebanyakan orang, apabila mereka membesar, tanpa mengira niat mereka, kejahatan secara semula jadinya tertanam dalam diri mereka. Pada zaman dahulu, walaupun tidak sering berlaku, terdapat sebilangan orang yang rela mati untuk negara dan kaum mereka. Walau bagaimanapun, kini dan pada zaman ini, sangat sukar untuk mencari orang sebegini. Walaupun mereka tercemar dengan kejahatan, ramai orang tidak sedar apa itu kejahatan dan mereka terus hidup memikirkan yang mereka benar.

Mengapa tibanya penghakiman Tuhan

Apabila kita melihat perkara yang tercatat dalam kitab Injil atau sejarah manusia, tanpa mengira apa-apa tempoh pun, apabila dosa manusia telah mencapai zenit dan kemudian melampaui had, penghakiman Tuhan yang serius akan menimpa. Kita boleh mengkategorikan penghakiman Tuhan kepada tiga kategori utama.

Apabila penghakiman Tuhan menimpa orang tidak beriman, ia boleh menimpa negara secara keseluruhan atau menimpa individu. Terdapat juga kes di mana penghakiman Tuhan boleh menimpa orang-Nya sendiri. Apabila satu negara melakukan dosa yang melampaui etika kemanusiaan, kesukaran yang besar menimpa seluruh negara tersebut. Jika individu melakukan dosa yang berhak untuk dihakimi, Tuhan akan memusnahkannya. Apabila orang Tuhan melakukan kesalahan, mereka akan didisiplinkan. Hal ini kerana Tuhan mengasihi orang-Nya; Dia membenarkan ujian dan balasan untuk menimpa mereka agar mereka boleh belajar daripada kesilapan mereka dan berpaling daripadanya.

Sebagai Pencipta, Tuhan bukan setakat menguruskan semua manusia di dunia, tetapi juga sebagai Hakim, Dia juga membenarkan manusia untuk 'mendapat balasan yang setimpal dengan tindakan mereka'. Pada zaman dahulu apabila manusia tidak mengenali Tuhan, jika dengan hati yang baik mereka mencari Tuhan atau cuba untuk hidup dalam kesalihan, kadangkala Tuhan mendedahkan diri-Nya kepada mereka melalui mimpi dan memberitahu mereka bahawa Dia hidup.

Raja Nebukadnezar bagi Empayar Babel tidak beriman dengan Tuhan, tetapi Tuhan masih mendedahkan kepadanya perkara yang akan berlaku pada masa depan dalam mimpi. Dia tidak mengenali Tuhan, tetapi dia cukup bermurah hati untuk memilih para elit dalam kalangan tawanan. Dia mengajar mereka tentang peradaban Babel dan sanggup melantik mereka menyandang jawatan utama dalam empayar. Dia melakukan demikian kerana jauh di sudut hatinya, dia mengakui Tuhan maha agung. Maka, walaupun seseorang tidak mengenali Tuhan, jika dia cuba untuk memiliki hati yang baik, Tuhan akan mencari jalan untuk mendedahkan bahawa Dia Tuhan yang hidup dan Dia akan memberi ganjaran kepada manusia mengikut amalannya.

Secara umum, apabila orang tidak beriman melakukan kejahatan, Tuhan akan mendisiplinkan mereka melainkan ia sesuatu yang sangat serius. Hal ini kerana mereka tidak tahu pun apa itu dosa, dan mereka tidak ada kena-mengena dengan-Nya. Mereka bagaikan anak luar nikah dari segi rohani. Mereka akhirnya akan masuk ke Neraka dan mereka sudah pun dijatuhkan hukuman.

Sudah tentulah, jika dosa mereka mencapai had dan mereka membawa kemudaratan yang besar kepada orang lain dan kejahatan mereka tidak terkawal dengan tidak ada kemanusiaan langsung, walaupun mereka tidak ada kena-mengena dengan-Nya, Dia tidak akan bertolak ansur dengan mereka. Hal ini kerana Tuhan adalah hakim yang menghakimi antara kebaikan dan kejahatan semua umat manusia.

Kisah Para Rasul 12:23 menyatakan, "Dan seketika itu juga ia ditampar malaikat Tuhan kerana ia tidak memberi hormat kepada Tuhan; ia mati dimakan cacing-cacing." Raja Herod merupakan orang tidak beriman yang membunuh Yakobus, salah seorang daripada dua belas pengikut Yesus. Dia juga memenjarakan Petrus. Namun, apabila dia menjadi bongkak bagaikan dia tuhan, Tuhan menghukumnya dan cacing memamah jasadnya dan dia mati. Walaupun apabila seseorang tidak mengenali Tuhan, jika dosanya melampaui had tertentu, dia akan menerima penghakiman sebegini.

Bagaimana pula dengan kes orang beriman? Apabila kaum Israel menyembah berhala, sesat daripada Tuhan dan melakukan segala jenis kejahatan, Tuhan tidak membiarkan mereka begitu sahaja. Dia memarahi mereka dan mengajar mereka melalui seorang nabi, dan jika mereka masih tidak taat, Dia menghukum mereka agar mereka tidak berpaling daripada jalan mereka.

Seperti yang dinyatakan dalam Ibrani 12:5-6, "Dan sudah lupakah kamu akan nasihat yang berbicara kepada kamu seperti kepada anak-anak: "Hai anakku, janganlah anggap mudah didikan Tuhan, dan janganlah putus asa apabila engkau diperingatkan-Nya; kerana Tuhan mengajar orang yang dikasihi-Nya, dan Dia menyesah orang yang diakui-Nya sebagai anak." Tuhan campur tangan apabila anak-Nya yang dikasihi berbuat salah. Dia memarahi dan mendisiplinkan mereka agar mereka boleh bertaubat, berpaling dan menikmati kehidupan yang dirahmati.

* Kerana kejahatan manusia amat hebat

Sebab penghakiman Tuhan menimpa bumi adalah kerana kefasikan manusia terlalu hebat (Kejadian 6:5). Maka, apakah rupa dunia apabila kefasikan manusia terlalu hebat?

Pertama, terdapat kes di mana manusia, bersama-sama sebagai satu negara, mengumpul kejahatan. Manusia boleh bersatu dengan mewakili negara mereka, seperti presiden atau perdana menteri dan membina dosa bersama-sama. Contoh utama adalah Jerman Nazi dan Holokos. Seluruh negara Jerman bekerjasama dengan Hitler untuk menghapuskan orang Yahudi. Kaedah mereka melaksanakan tindakan jahat ini sangat kejam.

Menurut sejarah yang tercatat, dianggarkan dalam 6 juta orang Yahudi yang tinggal di Jerman, Austria, Poland, Hungary dan Rusia telah dibunuh dengan kejam melalui cara buruh paksa yang brutal, seksaan, kebuluran dan pembunuhan. Sesetengah daripada mereka mati bogel dalam bilik gas, ada yang ditanam hidup-hidup dalam tanah dan ada yang mati dengan dahsyat sebagai subjek hidup eksperimen manusia. Maka, apakah nasib Hitler dan Jerman yang mengetuai tindakan jahat ini? Hitler membunuh diri dan Jerman menjadi negara yang lemah sepenuhnya dengan dosa sejarah secara kekal kepada nama negara. Akhirnya, negara tersebut berpisah kepada dua iaitu Jerman Timur dan Barat. Orang yang bersalah melakukan jenayah perang yang menjijikkan perlu menukar nama mereka dan lari sambil berpindah daripada satu tempat ke tempat yang lain. Jika mereka tertangkap, lazimnya mereka menerima hukuman mati.

Kaum Nuh pada waktu tersebut juga menerima penghukuman. Disebabkan orang pada zaman tersebut begitu dipenuhi dengan dosa, Tuhan membuat keputusan untuk memusnahkan mereka (Kejadian 6:11-17). Sehingga pada hari banjir melanda, Nuh menjerit tentang penghakiman yang akan menimpa, tetapi mereka tidak mendengar sehingga sudah. Sebenarnya, sehingga waktu

Nuh dan keluarganya menaiki bahtera tersebut, ramai orang masih makan dan minum, berkahwin dan terlibat dalam keseronokan. Menurut Nuh, walaupun apabila mereka melihat hujan mula turun, mereka tidak sedar apa yang berlaku (Matius 24:38-39). Hasilnya, semua orang mati disebabkan banjir kecuali Nuh dan keluarganya (Kejadian bab 7).

Terdapat juga catatan pada zaman Abraham dalam kitab Injil tentang bagaimana Tuhan menurunkan penghakiman api dan batu belerang kepada kaum Sodom dan Gomora kerana mereka terlalu banyak dosa (Kejadian bab 19). Selain daripada contoh ini, kita juga boleh melihat sejarah di mana Tuhan menurunkan pelbagai penghakiman seperti kebuluran, gempa bumi dan wabak, dll. kepada negara secara keseluruhan apabila ia sangat dipenuhi dosa.

Seterusnya adalah kes individu menerima penghakiman, sama ada orang tersebut beriman dengan Tuhan atau tidak, dia mengumpul dosa, dia dihakimi mengikut tindakannya. Hayat seseorang boleh dipendekkan disebabkan kejahatannya sendiri, atau bergantung kepada tahap dosanya, dia akan mengalami pengakhiran yang tragik pada hari-hari terakhirnya. Walau bagaimanapun, hanya kerana seseorang mati awal tidak bermakna dia menerima penghakiman; kerana terdapat kes seperti Paulus dan Petrus yang dibunuh walaupun mereka menjalani kehidupan yang salih. Kematian mereka juga kematian salih, maka dalam Syurga mereka akan bersinar bagaikan matahari. Terdapat sesetengah orang salih daripada zaman dahulu yang selepas memberitahu perkara yang benar kepada raja, dipaksa untuk meminum posyen maut yang mengakhiri nyawa mereka. Dalam kes sebegini, kematian mereka bukanlah akibat penghakiman yang disebabkan oleh dosa, tetapi kematian yang salih.

Walaupun di dunia kini, sama ada sebagai negara atau sebagai individu, dosa manusia adalah banyak. Lazimnya, orang tidak beriman dengan Tuhan sebagai Tuhan yang sejati dan mereka hanya mempercayai pendapat mereka sendiri. Mereka sama ada mengejar tuhan palsu, berhala atau mengasihi perkara lain melebihi Tuhan. Seks sebelum nikah semakin diterima secara meluas dan pergerakan gay dan lesbian bagi pengesahan perkahwinan mereka makin terus maju. Bukan setakat itu, dadah semakin berleluasa, pergaduhan, pertengkaran, kebencian dan korupsi ada di mana-mana.

Terdapat perihalan akhir zaman dalam Matius 24:12-14, "Banyak orang akan semakin berkurang kasihnya kerana kejahatan semakin bertambah-tambah. Orang yang tetap bertahan sampai ke akhir, akan selamat. Kemudian Khabar Baik tentang Kerajaan Tuhan akan diberitakan ke seluruh dunia. Hal itu akan menjadi kesaksian bagi bangsa-bangsa bahwa akhir zaman akan segera datang." Inilah dunia kita sekarang.

Sama seperti anda tidak boleh tentukan jika ada kekotoran pada tubuh anda apabila anda berdiri dalam kegelapan, disebabkan terlalu banyak dosa dalam dunia ini, ramai orang hidup dalam kejahatan dan mereka belum tahu bahawa tindakan mereka itu jahat. Disebabkan hati mereka begitu penuh dengan kejahatan, kasih sejati tidak boleh dicurahkan kepada mereka. Kesangsian, kecurangan dan segala jenis penyakit hati tersebar luas kerana kasih manusia sudah semakin berkurangan. Bagaimana boleh Tuhan, yang bersih dan tanpa dosa, terus memerhati segala ini sahaja?

Jika ibu bapa mengasihi anaknya dan anaknya menjadi sesat, apa yang akan dilakukan oleh ibu bapa? Ibu bapa akan cuba memujuk anaknya untuk berubah dan memarahi anaknya. Namun, jika anaknya masih tidak mendengar, ibu bapa akan cuba menguruskan anaknya untuk kembali ke jalan yang benar. Namun, jika anaknya melakukan perkara yang tidak boleh diterima dari segi kemanusiaan, ibu bapa akhirnya akan membuang anaknya. Hal ini sama dengan Tuhan sang Pencipta. Jika dosa manusia begitu banyak sehinggakan dia tiada bezanya dengan haiwan, Tuhan tidak dapat menahan diri-Nya daripada menurunkan penghakiman kepada manusia.

* Kerana fikiran dalam hati adalah jahat

Apabila Tuhan menurunkan penghakiman-Nya, Dia bersedih bukan hanya kerana dosa di dunia ini terlalu hebat, tetapi juga kerana fikiran manusia adalah jahat. Seseorang dengan hati yang keras dipenuhi dengan fikiran jahat. Dia tamak dan sentiasa mencari peluang untuk manfaat diri dan dia tidak akan berhenti untuk mengaut kekayaan dan dia sentiasa mempunyai fikiran jahat. Hal ini juga boleh terpakai kepada negara dan juga individu. Ia juga boleh terpakai kepada orang beriman. Walaupun seseorang mengaku beriman kepada Tuhan, jika dia menyimpan Firman Tuhan sekadar pengetahuan dalam mindanya dan tidak menukarnya kepad amalan, dia akan terus mencari manfaat hanya untuk dirinya, maka dia tidak dapat menahan diri daripada sentiasa mempunyai fikiran yang jahat.

Mengapa kita menyembah Tuhan dan mentaati Firman-Nya? Hal ini adalah untuk menuruti kehendak-Nya dan menjadi orang salih yang Tuhan mahu kita jadi. Tetapi, terdapat ramai orang yang melaungkan "Tuhan, Tuhan" dan mereka tidak hidup mengikut kehendak-Nya. Tanpa mengira betapa banyak kerja yang mereka akui dilakukan demi Tuhan, disebabkan hati mereka jahat, mereka akan menerima penghakiman dan tidak akan masuk ke Syurga (Matius 7:21). Tidak memelihara perintah dan statut Tuhan dianggap sebagai dosa dan iman tanpa amalan adalah iman yang mati, maka orang sebegini tidak boleh menerima penyelamatan.

Jika kita terdengar Firman Tuhan, kita perlu membuang kejahatan dan beramal mengikutnya. Maka, apabila jiwa kita makmur, kita akan makmur dari semua aspek dan kita juga akan menerima rahmat kesihatan. Maka penyakit, ujian dan balasan tidak akan menimpa. Walaupun jika semua itu berlaku, kebaikan akan berlaku akhirnya dan ketiga-tiga perkara ini akan menjadi peluang bagi rahmat.

Apabila Yesus datang ke dunia ini, orang seperti penggembala kambing yang baik hati, Nabi Anna, Simeon dan lain-lain mengenali bayi Yesus. Walau bagaimanapun, orang Farisi dan orang Saduki yang mengaku sangat taat kepada Hukum dan mengajar Hukum tidak mengenali Yesus. Jika mereka direndam dalam Firman Tuhan, maka kebaikan akan tersemat dalam hati mereka dan mereka sepatutnya dapat mengenali Yesus dan menerima-Nya. Namun, tanpa diubah daripada lubuk hati mereka, mereka bongkak dan hanya menumpukan untuk kelihatan suci di luaran. Oleh itu, hati mereka kasar dan mereka tidak dapat memahami kehendak Tuhan dan mereka tidak boleh mengenali Yesus. Maka, bergantung kepada berapa banyak kebaikan dan berapa banyak kejahatan yang anda ada dalam hati anda, hasilnya akan sangat berbeza.

Firman Tuhan tidak boleh dijelaskan dalam bahasa yang ringkas dan jelas dengan pengetahuan manusia sahaja. Sesetengah orang berkata untuk mengetahui makna sebenar Injil, maka kita perlu mengkaji Ibrani dan bahasa Greek dan membuat interpretasi daripada teks asli. Maka mengapa orang Farisi, Saduki dan Ketua Paderi tidak memahami Injil dengan jelas, kerana ia dicatat dalam bahasa Ibrani mereka dan mengapa mereka tidak boleh mengenali Yesus? Hal ini kerana Firman Tuhan dicatat dengan ilham Roh Kudus dan ia hanya boleh difahami dengan jelas apabila kita diilhamkan oleh Roh Kudus melalui doa. Injil tidak boleh dihuraikan begitu sahaja mengikut cara sastera.

Oleh itu, jika kita mempunyai ketidakbenaran dalam hati kita atau nafsu daging, atau kebanggaan dunia, maka kita tidak boleh menemui kehendak Tuhan atau beramal menurutnya. Manusia pada zaman kini sangat jahat sehinggakan mereka tidak mahu beriman dengan Tuhan, dan bukan setakat itu, walaupun mereka mengaku tidak beriman dengan Tuhan, mereka masih melakukan dosa dan tidak salih. Ringkasnya, mereka tidak beramal menurut kehendak Tuhan. Dengan cara inilah kita tahu bahawa penghakiman Tuhan makin dekat.

* Kerana setiap niat dalam hati adalah sentiasa jahat

Sebab Tuhan perlu menghakimi adalah kerana setiap niat hati manusia sentiasa jahat. Apabila kita mempunyai fikiran yang jahat, rancangan yang datang daripada fikiran sebegini adalah jahat dan fikiran ini akhirnya mencetuskan tindakan jahat. Cuba fikirkan berapa banyak rancangan jahat yang berlaku dalam masyarakat kini.

Kita lihat orang yang menyandang jawatan pemimpin utama negara mengaut rasuah dengan jumlah wang yang besar atau mencipta dana lumpur dan menyelidiki perbalahan dan pergaduhan. Kaedah tidak bermoral dalam memperoleh kemasukan menyandang jawatan awam, skandal ketenteraan dan segala jenis skandal berbeza menjadi perkara biasa. Terdapat kanak-kanak yang merancang pembunuhan ibu bapa mereka untuk membolot harta kekayaan keluarga dan terdapat orang muda yang merancang segala jenis rancangan kejahatan untuk memperoleh wang untuk dibelanjakan ke jalan yang salah.

Kini, kanak-kanak pun merancang sesuatu yang jahat. Bagi mendapatkan wang untuk pergi ke arked, atau untuk membeli sesuatu yang mereka benar-benar mahukan, mereka menipu kepada ibu bapa mereka atau pun mereka mencuri. Disebabkan semua orang sibuk mencuba untuk menggembirakan diri mereka, setiap niat hati dan setiap amalan hanya boleh menjadi jahat. Apabila peradaban melakukan kemajuan pantas secara material, masyarakat dengan pantas dicurah dengan budaya yang meruntuhkan akhlak dan mencari keseronokan. Hal inilah yang berlaku sekarang, sama seperti pada zaman Nuh apabila dosa mencapai ukuran penuh di dunia.

Untuk mengelakkan penghakiman Tuhan

Orang yang mengasihi Tuhan dan orang yang sedar secara

rohani menyatakan bahawa kepulangan Tuhan adalah sangat dekat. Seperti yang tercatat dalam Injil, tanda-tanda akhir zaman yang difirmankan Tuhan mula muncul dengan jelas. Sehinggakan orang tidak beriman pun sering berkata kita berada di akhir zaman. Pengkhutbah 12:14 menyatakan, "Kerana Tuhan akan membawa setiap perbuatan ke pengadilan yang berlaku atas segala sesuatu yang tersembunyi, entah itu baik, entah itu jahat." Oleh itu, kita mesti tahu bahawa akhir zaman kian hampir dan kita perlu bergelut menentang dosa sehingga menumpahkan darah dan membuang segala bentuk kejahatan dan menjadi salih.

Orang yang menerima Yesus Kristus dan nama yang tertulis dalam Kitab Kehidupan di Syurga akan memperoleh kehidupan abadi dan menikmati rahmat abadi. Mereka akan diberi ganjaran menurut amalan mereka, maka akan terdapat orang yang diletakkan di kedudukan yang secerah matahari dan ada yang diletakkan di kedudukan yang secerah bulan atau bintang. Selain itu, selepas Penghakiman Takhta Putih Besar, orang yang fikiran mereka jahat, dan niat sesiapa yang jahat dan sesiapa yang menolak untuk menerima Yesus Kristus, ataupun beriman dengan Tuhan, akan menderita dalam Neraka dengan abadi.

Maka, jika kita mahu mengelakkan penghakiman Tuhan, seperti yang dicatatkan dalam Roma 12:2, kita tidak boleh menurut kehendak dunia yang dipenuhi segala jenis korupsi dan dosa. Kita perlu memperbaharui hati kita dan bertukar agar kita boleh mentafsirkan apakah kehendak Tuhan yang baik, menyenangkan hati dan sempurna dan beramal sewajarnya. Seperti yang diakui Paulus, "Aku mati setiap hari," kita perlu menyerah kepada Kristus dan hidup menurut Firman Tuhan. Dengan cara ini, jiwa kita perlu makmur agar kita boleh sentiasa mempunyai fikiran yang baik dan beramal dengan kebaikan. Maka, kita akan makmur dalam segala aspek kehidupan dan kita akan dikurniakan kesihatan yang baik dan akhirnya kita akan menikmati rahmat abadi dalam Syurga.

Bab 13

Jangan Menentang Kehendak-Nya

"Sekarang Korah anak Yizhar, anak Kehat, anak Lewi, dengan Datan dan Abiram, anak Eliab, dan On anak Pelet, anak Ruben, mengambil tindakan, dan mereka menentang Musa bersama-sama beberapa orang Israel, dua ratus lima puluh pemimpin jemaah, dipilih dalam sidang, orang-orang terkenal. Mereka berkumpul bersama-sama dengan Musa dan Harun, dan berkata kepada mereka, "Kamu sudah cukup jauh, kerana seluruh jemaah suci, setiap seorang, dan TUHAN ada di tengah-tengah mereka; jadi mengapa kamu meninggikan diri di atas perhimpunan TUHAN?"
(Bilangan 16:1-3)

"Ketika dia selesai bercakap semua kata-kata ini, tanah yang di bawahnya terbelah; dan bumi membuka mulut dan menelan mereka, dan keluarga, dan semua orang yang milik Korah dengan harta benda mereka. Jadi mereka dan harta mereka turun secara hidup ke Sheol; dan bumi menutupi mereka, mereka binasa dari tengah-tengah perhimpunan..."
(Bilangan 16:31-35)

Jika kita mematuhi Firman, mematuhi ketetapan-Nya, dan menjalani kehidupan yang baik, kita akan menerima keberkatan ketika kita masuk dan keluar. Kita menerima berkat dalam semua bidang kehidupan kita. Sebaliknya, jika kita tidak taat dan melawan kehendak Tuhan, maka penghakiman akan menimpa kita. Jadi kita harus menjadi anak Tuhan yang benar yang mengasihi, mematuhi kehendak-Nya dengan sepenuh hati, dan bertindak menurut ketetapan-Nya.

Penghakiman datang apabila kita menentang kehendak Tuhan

Apabila ada seorang lelaki dengan kemarahan yang benar. Dia dan beberapa kawannya menyatukan semangat mereka untuk melakukan revolusi yang hebat bagi membantu negara mereka. Ketika hari revolusi semakin hampir, semangat rakan-rakan semakin kuat. Namun pengkhianatan oleh salah seorang rakan menyebabkan seluruh rancangan mereka untuk menyelamatkan negara telah gagal sepenuhnya. Betapa sedih dan tragis apabila kesilapan seorang menyebabkan matlamat orang ramai tidak tercapai?

Seorang lelaki miskin dan wanita telah berkahwin. Selama bertahun-tahun, kedua-duanya mengikat perut untuk menyimpan wang. Akhirnya mereka membeli tanah dan mula menjalani kehidupan yang selesa. Tiba-tiba, suami menjadi ketagih dengan perjudian dan arak, akibatnya dia memperjudikan semua harta benda mereka peroleh. Dapatkah anda bayangkan betapa sakitnya hati si isteri itu?

Dalam hubungan di kalangan orang, kita dapat melihat tragedi berlaku apabila orang bertindak bertentangan dengan kehendak antara satu sama lain. Jadi apa yang akan berlaku jika seseorang memutuskan untuk melawan kehendak Tuhan, Pencipta alam semesta? Apabila anda membaca kitab Nombor

16:1-3, terdapat satu kejadian di mana Korah, Dathan, dan On bersama-sama dengan 250 pemimpin jemaah terkemuka menentang kehendak Tuhan. Musa adalah pemimpin mereka yang dipilih oleh Tuhan. Bersama-sama dengan Musa, anak-anak Israel yang sepatutnya bersatu minda untuk mengatasi kehidupan yang sulit di padang gurun dan masuk ke tanah Kanaan. Tetapi peristiwa yang menyakitkan telah berlaku.

Akibatnya, Korah, Dathan, dan On bersama-sama dengan keluarga mereka, dikebumikan hidup-hidup ketika tanah terbelah dan menelan mereka. 250 orang pemimpin jemaah juga dimusnahkan oleh api TUHAN. Kenapa ini berlaku? Melawan pemimpin yang Tuhan pilih sama seperti menentang Tuhan.

Bahkan dalam kehidupan seharian kita, kejadian menentang Tuhan kerap berlaku. Walaupun Roh Kudus menggesa hati kita, kita hanya menentang jika kehendak-Nya tidak sesuai dengan pemikiran dan keinginan kita. Lebih banyak tindakan kita mengikut pemikiran kita sendiri, semakin banyak kita menentang kehendak Tuhan. Pada masa ini kita tidak akan dapat mendengar suara Roh Kudus. Kita menghadapi masalah dan kesulitan kerana kita mengikuti kehendak diri.

Orang yang menentang kehendak Tuhan

Dalam Nombor bab 12, ada adegan di mana abang Musa, Harun dan saudara perempuannya Miriam bercakap terhadap Musa kerana dia telah berkahwin dengan seorang wanita Kush. Mereka menuduhnya dengan berkata, "Bukankah TUHAN telah berfirman hanya melalui Musa? Bukankah dengan perantaraan kita juga Ia berfirman?" (ay. 2) Dengan segera, kemurkaan Tuhan menimpa Harun dan Miriam, and Miriam mendapat penyakit kusta.

Kemudian Tuhan memarahi kedua-duanya, dengan berfirman: "Jika ada seorang nabi dari kalangan kamu, Aku

TUHAN, akan memperkenalkan diri-Ku kepadanya dalam penglihatan. Aku akan akan bercakap dengannya dalam mimpi. Bukan demikian hamba-Ku Musa, seorang yang setia dalam segenap rumah-Ku; berhadap-hadapan Aku berbicara dengan dia, terus terang, bukan dengan teka-teki, dan ia memandang rupa TUHAN. Mengapakah kamu tidak takut mengatai hambaKu Musa?" (ayat 6-8).

Kemudian mari kita kaji maksudkan menentang kehendak Tuhan dengan melihat beberapa contoh dari Alkitab.

1) Orang Israel menyembah berhala

Semasa Keluaran, orang Israel menyaksikan sepuluh malapetaka yang menimpa Mesir dan Laut Merah dipisahkan di hadapan mereka. Mereka mengalami pelbagai jenis mukjizat dan keajaiban dan mereka sepatutnya tahu bahawa Tuhan adalah Tuhan yang hidup. Namun apa yang mereka lakukan semasa Musa naik di gunung berpuasa selama 40 hari untuk menerima Sepuluh Perintah Tuhan? Mereka membina anak lembu emas dan menyembahnya. Tuhan menetapkan Israel sebagai orang pilihan, dan Dia mengajar mereka untuk tidak menyembah berhala. Namun mereka bertindak melawan kehendak Tuhan dan kira-kira tiga ribu orang di kalangan mereka mati akibatnya (Keluaran bab 32).

Dan dalam 1 Tawarikh 5:25-26, ia dicatatkan, "Tetapi mereka bertindak dengan khianat terhadap Tuhan bagi nenek moyang mereka dan memainkan perempuan sundal selepas dewa bangsa di tanah itu, yang telah dimusnahkan oleh Tuhan di hadapan mereka. Jadi Tuhan Israel menggerakkan semangat Pul, raja Asyur, dan semangat raja Tilgat-pilneser, raja Asyur, dan Dia membawa mereka ke pengasingan, yakni orang Ruben, orang Gad dan suku separuh Manasye, membawa mereka ke Halah, Habor, Hara dan ke sungai Gozan, sehingga kini." Oleh kerana orang Israel memainkan pelacur, menyembah dewa-dewa tanah Kanaan, Tuhan menggerakkan hati raja Asyur untuk menyerang Israel dan mengambil ramai orang untuk menjadi tawanan. Tindakan orang Israel terhadap Tuhan menyebabkan bencana ini.

Kerajaan utara Israel telah dimusnahkan oleh Asyur dan kerajaan Yehuda selatan telah dimusnahkan oleh Babel disebabkan penyembahan berhala.

Dalam istilah hari ini, ia sama seperti menyembah berhala yang diperbuat daripada emas, perak, gangsa, dan sebagainya. Ia sama dengan orang yang meletakkan kepala babi rebus di atas meja dan menunduk kepada roh-roh nenek moyang mereka yang sudah mati. Kelakuan yang sungguh memalukan apabila manusia sebagai ciptaan yang tertinggi menunduk kepada babi yang mati dan meminta keberkatan!

Dalam Keluaran 20:4-5 Tuhan memberikan perintah dengan berfirman, "Janganlah engkau menjadikan bagimu suatu berhala, atau rupa apa yang ada di langit yang di atas atau di bumi yang di bawah atau di dalam air di bawah bumi. Kamu tidak boleh menyembah atau berkhidmat kepadanya."

Dia juga menyebutkan kutukan yang akan menimpa jika mereka meringankan perintah dan tidak mematuhinya. Dia juga menyatakan keberkatan yang akan mereka terima jika mereka menyemat dan menyimpan perintah di dalam hati mereka. Dia berkata , "Aku, TUHAN Tuhan kamu, adalah Tuhan yang cemburu, yang membalas kesalahan bapa kepada anak-anak, pada generasi ketiga dan keempat dari orang yang membenci Aku, tetapi Aku menunjukkan kasih setia kepada beribu-ribu, kepada mereka yang mengasihi Aku dan menurut perintah-Ku."

Itulah sebabnya apabila kita melihat di sekeliling kita, kita dapat melihat bahawa keluarga yang mempunyai sejarah penyembahan berhala mengalami pelbagai jenis penderitaan.

Pada suatu hari, seorang ahli gereja sujud kepada berhala telah mengalami kesulitan. Mulutnya yang tidak mempunyai sebarang masalah menjadi senget dan cacat sehingga dia tidak dapat bercakap dengan betul. Apabila saya bertanya kepadanya, dia memberitahu saya bahawa dia telah pergi melawat keluarganya semasa cuti dan tidak dapat mengatasi tekanan untuk tunduk sebelum pengorbanan tradisional kepada nenek moyang, dia mengalah dan bersujud. Pada keesokan harinya, mulutnya menjadi senget. Nasib baik, dia bertaubat sepenuhnya di hadapan Tuhan dan menerima doa. Mulutnya telah sembuh dan kembali seperti sediakala. Tuhan memimpinnya ke arah keselamatan dengan memberikan pelajaran kepadanya untuk menyedari penyembahan berhala adalah jalan kepada kemusnahan.

2) Firaun enggan membiarkan orang Israel pergi

Dalam Keluaran bab 7-12, anak-anak Israel yang menjadi hamba di Mesir cuba meninggalkan Mesir di bawah pimpinan Musa. Namun Firaun enggan membiarkan mereka pergi, dan itu menyebabkan malapetaka besar menimpa Firaun dan Mesir. Tuhan maha Pencipta adalah pengarang kehidupan dan kematian manusia, jadi tiada siapa dapat melawan kehendak-Nya. Kehendak Tuhan adalah Keluaran orang Israel. Namun Firaun yang keras kepala mengganggu kehendak Tuhan.

Oleh itu, Tuhan menurunkan sepuluh malapetaka ke Mesir. Pada masa itu, negara mula menjadi hancur. Akhirnya, Firaun dengan berat hati membenarkan orang Israel pergi, tetapi dia berdendam di dalam hatinya. Jadi, dia mengubah fikiran dan menghantar tenteranya untuk mengejar mereka sehingga ke Laut Merah yang telah berpisah. Akhirnya, seluruh tentera Mesir yang sedang mengejar tenggelam di Laut Merah. Firaun yang melawan kehendak Tuhan sehingga penghakiman itu datang kepadanya. Sekiranya Tuhan menunjukkan kepadanya berkali-kali bahawa Dia adalah Tuhan yang hidup, Firaun sepatutnya sedar bahawa Tuhan adalah satu-satunya Tuhan yang benar. Dia sepatutnya mematuhi kehendak Tuhan. Malah dengan taraf manusia, pembebasan orang Israel adalah perkara yang betul untuk dilakukan.

Negara mengambil bangsa lain untuk menjadi hamba adalah perkara yang salah. Tambahan pula, Mesir dapat mengelakkan kebuluran yang besar kerana Yusuf, anak Yakub. Walaupun 400 tahun telah berlalu, ia adalah satu kebenaran sejarah bahawa Mesir terhutang budi kepada Israel kerana menyelamatkannya sebagai sebuah negara. Sebaliknya, Mesir menganiaya orang Israel untuk menjadi hamba dan tidak membalas jasa orang mereka. Betapa jahatnya kelakuan itu? Firaun yang mempunyai kuasa mutlak adalah orang bangga penuh dengan ketamakan. Itulah sebabnya dia berjuang melawan Tuhan hingga ke akhirnya dan menerima penghakiman Tuhan yang terakhir.

Ada orang seperti ini dalam masyarakat kita hari ini, dan Alkitab memberi amaran bahawa penghakiman sedang menunggu mereka. Kemusnahan menanti mereka yang enggan percaya kepada Tuhan kerana pengetahuan dan kebanggaan mereka sendiri dan mereka yang bodoh bertanya, "Di manakah Tuhan?"

Jika mereka mengaku percaya kepada Tuhan, mengabaikan perintah Tuhan dengan keinginan dan kedegilan mereka sendiri, mereka juga mempunyai permusuhan atau dendam terhadap orang lain, atau mereka adalah pemimpin dalam gereja dan mengaku bekerja keras untuk kerajaan Tuhan, tetapi cemburu atau ketamakan mereka membuatkan orang-orang di sekeliling mereka sakit hati, mereka tiada perbezaan dengan Firaun.

Dengan mengetahui bahawa Tuhan ingin untuk kita hidup di dalam Cahaya, jika kita terus hidup dalam kegelapan, maka kita akan mengalami penderitaan yang sama dengan orang yang tidak beriman. Ini kerana Tuhan terus memberi amaran kepada manusia, tetapi mereka tidak mendengar ketika mereka melawan kehendak Tuhan mengejar dunia.

Sebaliknya, apabila seseorang hidup dengan iman, hatinya menjadi bersih dan mula mencontohi hati Tuhan, justeru itu syaitan akan meninggalkannya. Jika seseorang itu terus bertindak dengan kebenaran di hadapan Tuhan, tanpa mengira penyakit serius yang dimilikinya, atau ujian yang dihadapinya, dia akan menjadi kuat dan sihat, justeru itu semua ujian dan kesengsaraan akan hilang. Jika sebuah rumah itu kotor, lipas, tikus, dan semua jenis hama kotor akan muncul. Namun jika rumah itu dibersihkan, perosak tidak boleh hidup di dalamnya lagi, dan ia akan hilang secara semula jadi. Ini adalah sama.

Apabila Tuhan menyumpah ular yang menggoda manusia, Dia berkata bahawa ia akan 'merangkak di perutnya, makan debu sepanjang hari hidupnya' (Kejadian 3:14). Ini tidak bermakna ular akan makan kotoran di atas tanah. Maksud rohani ini adalah Tuhan menceritakan syaitan—yang menghasut ular—untuk memakan daging manusia yang terbentuk dari debu. Secara rohaninya, "daging" adalah sesuatu yang berubah dan menjadi binasa. Ia melambangkan kejahatan yang merupakan jalan kematian.

Oleh itu, syaitan membawa godaan, kesusahan, dan penderitaan kepada manusia yang berdosa di tengah-tengah kefasikan, dan akhirnya membawa mereka ke jalan kematian. Walau bagaimanapun, musuh tidak dapat mendekati orang suci tanpa dosa dan mengamalkan kehidupan sesuai dengan Firman Tuhan. Oleh itu, jika kita hidup dalam kebenaran, maka penyakit, ujian, dan kesengsaraan akan lari dari kita secara semula jadi.

Dalam Yosua bab 2, ada seorang yang bertentangan dengan Firaun, dia adalah orang bukan Yahudi tetapi membantu memenuhi kehendak Tuhan dan menerima keberkatan. Orang ini adalah seorang wanita bernama Rahab yang tinggal di Yerikho pada masa Keluaran. Selepas keluar dari Mesir dan berkeliaran di padang belantara selama 40 tahun, orang Israel baru sahaja menyeberangi Sungai Yordan. Mereka berkhemah dan bersedia untuk menyerang Yerikho pada bila-bila masa.

Rahab bukan orang Israel tetapi dia telah mendengar tentang mereka melalui khabar angin. Dia faham bahawa TUHAN Tuhan yang menguasai seluruh alam semesta bersama dengan orang Israel. Dia juga tahu bahawa Tuhan ini bukan jenis tuhan yang akan membunuh dengan kejam atau sengaja tanpa sebab. Rahab tahu bahawa TUHAN adalah Tuhan keadilan, maka dia melindungi mata-mata Israel dengan menyembunyikannya. Rahab mengetahui kehendak Tuhan dan membantu memenuhi kehendak-Nya, jadi dia dan seluruh keluarganya diselamatkan ketika Yerikho dihancurkan. Kita juga perlu menjalankan kehendak Tuhan untuk menjalani kehidupan rohani di mana kita dapat menerima penyelesaian kepada pelbagai masalah dan jawapan kepada doa kita.

3) Eli si paderi dan anak-anaknya melanggar perintah Tuhan

Dalam 1 Samuel bab 2, kita dapat lihat anak-anak Eli si Paderi adalah orang-orang jahat, menyentuh makanan yang telah dikhususkan untuk persembahan kepada Tuhan, bahkan meniduri wanita-wanita yang melayani di pintu Khemah Pertemuan. Walau bagaimanapun, bapa mereka, Eli si Paderi, menafikan mereka dengan kata-kata dan tidak mengambil tindakan untuk menamatkan kelakuan mereka. Akhirnya, anak-anak Eli terbunuh dalam peperangan melawan orang Filistin, dan Paderi Eli mematahkan lehernya dan mati apabila dia jatuh dari kerusi semasa mendengar berita ini. Eli mati begini kerana dosa tidak mengajar anak-anaknya dengan baik.

Sama juga dengan kita hari ini. Jika kita melihat orang-

orang di sekeliling kita yang melakukan zina dalam daging, atau menyimpang daripada perintah Tuhan dan kita hanya menerima mereka tanpa memperbetulkan mereka, maka kita tiada perbezaan dengan Paderi Eli. Di sini, kita mesti melihat diri kita sendiri dan melihat sama ada kita sama seperti Eli dan anak-anaknya dalam sebarang aspek.

Sama juga untuk perbelanjaan untuk kegunaan peribadi bagi persembahan persepuluhan dan kesyukuran yang telah dikhususkan untuk Tuhan. Apabila kita tidak memberikan persepuluhan dan persembahan secara keseluruhan, ia seperti mencuri dari Tuhan, oleh itu kutukan akan jatuh ke atas keluarga kita atau negara (Maleakhi 3: 8-9). Tambahan pula, apa pun yang telah dikhususkan untuk dipersembahkan kepada Tuhan tidak boleh ditukar untuk apa-apa lagi. Sekiranya anda telah memutuskan di dalam hati untuk membuat persembahan kepada Tuhan, anda mesti melaksanakannya. Jika anda ingin bertukar dengan sesuatu yang lebih baik, anda perlu menawarkan kedua-duanya.

Tambahan pula, pemimpin sel atau bendahari kumpulan sel di gereja tidak boleh menggunakan yuran keahlian yang dipungut mengikut kehendak mereka. Penggunaan dana gereja untuk tujuan yang berbeza dari yang sewajarnya, atau penggunaan wang yang yang diketepikan untuk acara khusus untuk tujuan yang lain juga termasuk dalam kategori 'mencuri dari Tuhan'. Selain itu, dengan meletakkan tangan anda di perbendaharaan Tuhan adalah perbuatan mencuri sama seperti Yudas Iskariot. Jika seseorang mencuri wang Tuhan, dia melakukan dosa yang lebih besar daripada dosa-dosa anak Eli dan dia tidak akan diampuni. Jika seseorang melakukan dosa ini kerana dia tidak tahu apa-apa yang lebih baik, dia perlu mengaku dan bertaubat sepenuhnya, dia juga tidak boleh melakukan dosa ini lagi. Orang menjadi terkutuk kerana dosa-dosa seperti ini. Kejadian tragis, kemalangan, dan penyakit datang ke dalam kehidupan mereka, dan iman tidak boleh diberikan kepada mereka.

4) Pemuda yang mengejek Elisa dan kes yang serupa

Elisa adalah hamba kuat Tuhan yang berkomunikasi dan dijamin oleh-Nya. Namun dalam 2 Raja-raja bab 2, anda melihat satu adegan di mana sebilangan besar pemuda keluar sebagai satu kumpulan, mengikuti Elisa dan mengejeknya. Mereka sangat jahat sehingga mereka mengikuti Elisa dari dalam kota sepanjang jalan keluar dari kota, sambil berseru, "Bangun, engkau botak!; bangun, kau botak botak!" Akhirnya, Elisa tidak dapat lagi bersabar, dan dia menyumpah mereka dalam nama Tuhan, dan dua beruang betina keluar dari hutan dan memukul 42 orang pemuda. Sejak Alkitab mencatat bahawa 42 daripadanya meninggal dunia, kita dapat menyimpulkan bahawa jumlah anak-anak yang mengganggu Elisa sebenarnya lebih ramai.

Kutukan dan rahmat yang datang dari seorang hamba yang dijanjikan oleh Tuhan akan berlaku tepat seperti yang diucapkan oleh mereka. Terutama jika anda mengejek, memfitnah, atau bergosip tentang hamba Tuhan, ia sama seperti memfitnah dan mengejek Tuhan. Oleh itu, ia bersamaan dengan melawan kehendak Tuhan.

Dan apa yang berlaku kepada orang-orang Yahudi yang memaku Yesus di atas salib dan berteriak untuk darah-Nya untuk menjadi diri dan keturunan mereka? Dalam 70 S.K., Yerusalem telah dimusnahkan sepenuhnya oleh Jeneral Titus dan tenteranya. Bilangan orang Yahudi yang dibunuh pada masa itu adalah 1.1 juta. Selepas itu, orang-orang Yahudi telah tersebar di seluruh dunia dan menerima semua penghinaan dan penganiayaan. Kemudian, enam juta lagi dibunuh di tangan pihak Nazi. Seperti yang dapat anda lihat, hasil daripada memberontak dan melawan kehendak Tuhan membawa kesan besar.

Hamba Elisa yang bernama Gehazi berada dalam keadaan yang sama. Sebagai pengikut Elia, yang menerima jawapan dengan api, Elisa menerima dua kali ganda inspirasi yang dimiliki oleh gurunya. Peluang untuk berkhidmat dengan tuan seperti Elisa adalah suatu berkat yang besar. Gehazi secara peribadi menyaksikan banyak mukjizat yang dilakukan oleh Elisa. Jika dia mematuhi kata-kata Elisa dan menerima ajarannya dengan baik, dia juga mungkin akan menerima kuasa dan keberkatan yang hebat. Malangnya, Gehazi tidak dapat melakukannya.

Ada suatu masa Elisa menyembuhkan seorang ketua tentera Aram, Naaman yang menghidapi penyakit kusta dengan kuasa Tuhan. Naaman sangat terharu sehingga dia mahu memberikan hadiah besar kepada Elisa. Walau bagaimanapun, Elisa menolaknya. Dia melakukan sedemikian kerana perbuatan itu lebih dimuliakan oleh Tuhan.

Dengan tidak memahami kehendak tuannya dan dibutakan oleh harta duniawi, Gehazi mengejar Jeneral Naaman, berbohong kepadanya dan menerima hadiahnya. Dia membawa hadiah itu dan menyembunyikannya. Elisa sudah mengetahui apa yang telah berlaku, jadi dia memberi Gehazi peluang untuk bertaubat, tetapi Gehazi menafikan tuduhan itu dan tidak bertaubat. Akibatnya, penyakit kusta milik Naaman datang kepada Gehazi. Ia bukan sekadar tindakan melawan kehendak Elisa, tetapi ia juga melawan kehendak Tuhan.

5) Berbohong kepada Roh Kudus

Dalam Kisah bab 5, terdapat satu kejadian di mana pasangan, Ananias dan Sapira, berbohong kepada Petrus. Sebagai ahli gereja awal, mereka membuat keputusan untuk menjual harta mereka dan memberikan wang kepada Tuhan. Namun apabila mereka benar-benar mendapat wang itu, sifat tamak menguasai diri. Jadi mereka hanya memberikan sebahagian daripada wang dan berbohong dengan mengatakan bahawa itulah jumlah kesemua wang. Kedua-duanya mati akibat perbuatan ini. Ini kerana mereka tidak hanya berbohong kepada manusia, tetapi mereka berbohong kepada Tuhan dan Roh Kudus. Mereka menguji Roh Tuhan.

Kami mengkongsikan hanya beberapa contoh, tetapi sebagai tambahan kepada ini, terdapat banyak kejadian orang menentang kehendak Tuhan. Undang-undang Tuhan tidak wujud untuk menghukum kita tetapi ia bertujuan membantu kita menyedari dosa, memimpin kita bergantung kepada kuasa Yesus Kristus untuk mengatasinya, dan akhirnya membolehkan kita untuk menerima keberkatan yang besar dari Tuhan. Oleh itu, marilah kita melihat semula semua tindakan kita untuk memastikan sama ada terdapat perbuatan yang pernah bertentangan dengan kehendak Tuhan, jika ada, kita harus berubah sepenuhnya dan bertindak hanya mengikut kehendak Tuhan.

Glosari

Relau dan Jerami
'Relau' adalah ruang tertutup di mana haba dihasilkan untuk memanaskan bangunan, memusnahkan sampah, melebur atau menghaluskan bijih, dan lain-lain. Dalam Alkitab, kata 'relau' digunakan untuk menandakan kesengsaraan, pengadilan, Neraka, dll. Tiga sahabat Daniel, Shadrach, Mesakh, dan Abed-nego tidak mahu sujud kepada imej emas Nebukadnezar yang telah disediakan sehingga mereka dilemparkan ke dalam sebuah relau yang berapi. Walau bagaimanapun, dengan pertolongan Tuhan mereka masih hidup dan tidak cedera (Daniel bab 3).

'Jerami' adalah batang gandum yang digunakan sebagai tempat tidur dan makanan untuk haiwan, untuk atap dan tenunan atau tocang seperti membuat bakul. Dalam Alkitab, 'jerami' secara simbolik merujuk kepada sesuatu yang tidak penting dan tidak berguna.

Apakah maksud kesombongan?
Kesombongan ialah tidak menganggap orang lain lebih baik daripada diri sendiri. Ia juga bermaksud memandang rendah terhadap orang lain, dan berfikir 'Aku lebih baik daripada mereka'. Salah satu keadaan yang paling kerap membuatkan kesombongan ini muncul dalam diri seseorang ialah semasa seseorang berpendapat bahawa dia dicintai dan diiktiraf oleh ketua sesebuah organisasi atau kumpulan yang disertai. Kadang-kala Tuhan menggunakan kaedah membayar pujian supaya seseorang dapat mengetahui sama ada dia mempunyai sifat sombong.

Salah satu bentuk kesombongan yang paling biasa adalah menilai dan mengutuk orang lain. Kita mesti berhati-hati untuk tidak menyimpan kesombongan rohani yang menyebabkan kita menghakimi orang lain dengan Firman Tuhan yang sepatutnya digunakan sebagai untuk bermuhasabah diri. Kesombongan rohani adalah bentuk kejahatan yang sangat berbahaya kerana ia tidak mudah ditemui; oleh itu kita mesti berhati-hati agar tidak sombong secara rohani.

Bab 14

"Demikianlah Firman TUHAN Sekalian Alam..."

"'Saksikanlah, hari itu akan datang, terbakar seperti perapian; dan semua orang yang sombong dan setiap orang yang melakukan kejahatan akan menjadi khinzir; dan hari yang akan datang akan membakar mereka, 'demikianlah firman TUHAN semesta alam,' supaya ia tidak meninggalkan akar atau cabang.' 'Tetapi bagi kamu yang takut akan nama-Ku, matahari kebenaran akan bangkit dengan penyembuhan di sayapnya; dan kamu akan pergi dan melompat seperti anak lembu dari gerai. Kamu akan menjatuhkan orang jahat, kerana mereka akan menjadi abu di bawah tapak kaki kamu pada hari yang Aku persiapkan, 'demikianlah firman TUHAN semesta alam."
(Malaekhi 4:1-3)

Tuhan membawa setiap perbuatan kepada penghakiman; termasuk yang tersembunyi, sama ada baik atau jahat (Pengkhotbah 12:14). Kita dapat melihat bahawa ini betul jika kita melihat sejarah manusia. Orang bangga mencari keuntungan dirinya sendiri. Dia memandang rendah terhadap orang lain dan menambahkan kejahatan untuk memiliki kekayaan yang besar.

Walau bagaimanapun, akhirnya kemusnahan menanti orang itu. Sebaliknya, orang yang rendah hati dan menghormati Tuhan mungkin kelihatan bodoh atau menghadapi kesulitan pada awalnya, tetapi akhirnya dia menerima keberkatan yang besar dan penghormatan yang besar daripada semua orang.

Tuhan menolak orang yang bangga

Bandingkan dua wanita dalam Alkitab, Vashti dan Ester. Ratu Vashti adalah ratu Raja Ahasuerus, raja Empayar Persia.

Pada suatu hari, Raja Ahasuerus membuat jamuan dan meminta Ratu Vashti datang sebelumnya di jamuan itu. Walau bagaimanapun, Vashti yang bangga dengan kedudukan dan kecantikan yang luar biasa menolak permintaan Raja itu. Raja menjadi sangat marah, menarik pangkat Ratu daripada Vashti. Apakah perbezaan dengan keadaan Ester yang mendapat pangkat ratu selepas Vashti?

Ester dilantik menjadi ratu berasal dari seorang tawanan Yahudi yang dibawa ke Babel semasa pemerintahan Raja Nebukadnezar. Ester bukan sahaja cantik, dia juga bijak dan rendah diri. Pada suatu masa, bangsanya mengalami kesusahan kerana seorang dari bangsa Amalek yang bernama Haman. Kemudian, Ester berpuasa dan berdoa selama tiga hari, kemudian dengan keazaman bahawa dia akan mati jika perlu, dia membersihkan dirinya, memakai jubah raja dan berdiri dengan rendah hati di hadapan Raja. Oleh kerana dia bertindak dengan rendah hati di hadapan Raja dan semua orang, dia bukan sahaja menerima cinta dan kepercayaan Raja itu, dia juga dapat melaksanakan tugas besar untuk menyelamatkan bangsanya sendiri.

Oleh kerana ia tertulis dalam Yakobus 4:6, "Tuhan menentang orang yang sombong, tetapi memberikan rahmat kepada yang rendah hati," kita tidak boleh menjadi orang sombong yang dibenci oleh Tuhan. Dan seperti yang tertulis dalam Maleakhi 4:1, "Semua orang yang sombong dan setiap pelaku kejahatan akan menjadi sekam," cara seseorang menggunakan kebijaksanaan, pengetahuan, dan kekuatannya untuk kebaikan atau kejahatan akan menentukan hasilnya. Satu contoh yang baik ialah Daud dan Saul.

Apabila Daud menjadi raja, dia mengingati Tuhan dan mematuhi perintah-Nya. Daud diberkati Tuhan kerana dia dengan rendah hati berdoa di hadapan-Nya, mencari kebijaksanaan untuk mengetahui cara untuk memperkuatkan negara dan memberi kedamaian kepada rakyatnya.

Walau bagaimanapun, Saul telah dikuasai sifat tamak dan dia bimbang kehilangan tempatnya sebagai raja sehingga dia menghabiskan banyak masa untuk membunuh Daud yang menerima kasih Tuhan dan rakyatnya. Dia tidak mendengar teguran nani kerana kesombongannya. Akhirnya, dia dibuang oleh Tuhan dan mati dengan sengsara sewaktu pertempuran.

Jadi kita harus membuang rasa bangga sepenuhnya selepas memahami cara TUHAN menghukum orang yang sombong. Jika kita membuang kebanggaan dan merendah hati, Tuhan meredhai kita dan memberikan jawapan kepada doa kita. Amsal 16: 5 mengatakan, "Setiap orang yang sombong dalam hati adalah kekejian bagi TUHAN: walaupun ia disembunyikan, ia tidak akan terlepas dari dihukum" (KJV). Tuhan membenci hati yang sombong sehingga orang yang bekerjasama dengan orang yang sombong akan dihukum bersamanya. Orang jahat selalu berkumpul bersama orang jahat, dan orang yang baik cenderung untuk berkumpul dengan orang yang baik. Bekerjasama menyembunyikan perbuatan itu juga datang dari kesombongan.

Sifat bangga Raja Hizkia

Mari kita lihat dengan lebih dekat bagaimana Tuhan membenci kebanggaan. Di antara raja-raja Israel, banyak orang yang memulakan pemerintahan mereka dengan mengasihi Tuhan dan mematuhi kehendak-Nya, kemudian mereka menjadi bangga, melawan kehendak Tuhan dan menolak-Nya. Salah seorang daripada raja-raja ini adalah Raja Hizkia, raja ke-13 kerajaan Yehuda selatan.

Raja Hizkia yang menjadi raja selepas bapanya Ahaz yang disayangi Tuhan kerana jujur seperti Daud. Dia membuang altar-altar asing dan tempat tinggi serta merobohkan tiang-tiang suci di dalam negara. Dia benar-benar membuang semua berhala di negara yang dibenci oleh Tuhan seperti tiang Asherah yang dirobohkan olehnya (2 Tawarikh 29:3-30: 27).

Apabila negara itu mula mengalami kesulitan politik akibat kesilapan raja terdahulu yang teruk dan tidak beriman, Raja Hizkia tidak bergantung kepada Tuhan, sebaliknya dia menghancurkan persekutuan dengan negara berdekatan seperti Mesir, Filistin, Sidon, Moab, Dan Ammon. Yesaya menegur Raja Hizkia beberapa kali kerana dia melakukan perbuatan melulu yang melawan kehendak TUHAN.

Dengan penuh kebanggaan, Raja Hizkia tidak mendengar teguran Yesaya. Akhirnya, Tuhan meninggalkan Yehuda berseorangan, dan Sennacherib iaitu raja Asyur, memukul Yehuda dan mengalahkannya. Jadi Raja Sennacherib menakluk Yehuda dan mengambil 200,000 orang sebagai tawanan. Ketika Raja Sennacherib menuntut Raja Hizkia untuk membayar ganti rugi besar, Hizkia memenuhi permintaan ini dengan merobohkan Kuil dan istana yang berharga dan dengan mengosongkan harta negara. Artikel Kuil tidak boleh disentuh oleh sesiapa sahaja. Tuhan terpaksa memalingkan wajah-Nya daripada Hizkia kerana dia menyerahkan barang suci itu untuk menyelamatkan dirinya.

Apabila Sennacherib terus mengugut Hizkia walaupun setelah menerima ganti rugi yang besar, akhirnya Hizkia menyedari bahawa tiada apa yang dapat dilakukannya dengan kekuatannya sendiri, dia pergi ke hadapan Tuhan dan berdoa, bertaubat dan berteriak kepada-Nya. Akibatnya, Tuhan mengasihani dia, dan mengalahkan Assyria. Kita boleh mengalami pengajaran yang sama dalam keluarga, tempat kerja, perniagaan, hubungan kita dengan jiran dan saudara kita. Orang yang bangga tidak dapat menerima cinta; apatah lagi menerima pertolongan di saat kesusahan.

Perasaan bangga orang yang tidak percaya

Iblis tidak boleh masuk ke dalam orang beriman kepada Tuhan kerana Tuhan melindungi mereka. Walau bagaimanapun, ada kes di mana iblis memasuki orang yang mendakwa beriman kepada Tuhan. Bagaimana ini boleh berlaku? Tuhan menentang orang yang bangga. Jadi jika seseorang menjadi bangga sehingga Tuhan memalingkan wajah-Nya, iblis boleh memasuki dirinya. Jika seseorang menjadi bangga secara rohani, Syaitan boleh menyuruh iblis merasuk dan mengawalnya serta menyebabkan dia melakukan perbuatan jahat.

Walaupun rasukan tidak berlaku, jika orang yang beriman menjadi bangga secara rohani, dia dapat merosakkan kebenaran dan menjadi tertekan. Tuhan tidak bersamanya kerana dia tidak mematuhi Firman Tuhan, dan segalanya dalam hidupnya tidak berjalan dengan lancar. Seperti yang tertulis dalam Amsal 16:18, "Kebanggaan menuju kehancuran, dan semangat yang angkuh di hadapan tersandung," kebanggaan tidak mempunyai faedah. Malah, ia hanya membawa kesakitan dan penderitaan. Kita perlu tahu bahawa kebanggaan rohani adalah parasit mutlak dan mesti dibuang sepenuhnya.

Jadi bagaimana orang yang beriman tahu jika mereka bangga? Orang bangga menganggap dirinya betul, jadi dia tidak mendengar teguran orang lain dengan baik. Melanggar Firman Tuhan juga merupakan satu bentuk kebanggaan kerana ini menunjukkan bahawa seseorang itu tidak menghormati Tuhan. Apabila Daud melanggar perintah Tuhan dan berdosa, Tuhan menegurnya dengan kasar, mengatakan, "Kamu telah memandang hina kepada-Ku" (2 Samuel 12:10). Jadi perbuatan tidak berdoa, tidak menyayangi, tidak mematuhi, dan tidak dapat melihat keburukan diri sendiri dan melihat keburukan orang lain adalah semua contoh kebanggaan.

Memandang rendah kepada orang lain sambil menilai dan mengutuk mereka menurut kehendak kita, membanggakan diri, ingin berlagak adalah bentuk-bentuk kebanggaan. Menggunakan setiap peluang untuk terlibat dalam perdebatan dan perbalahan lisan juga merupakan suatu bentuk kebanggaan. Sekiranya anda bangga, anda ingin dilayan dan anda mahu naik ke puncak. Ketika anda cuba memberi manfaat kepada diri dan menaikkan nama diri sendiri, anda mula menambah kejahatan.

Anda harus bertaubat atas rasa bangga seperti ini dan menjadi orang yang rendah diri untuk menikmati kehidupan yang makmur dan gembira. Inilah sebabnya Yesus berkata, "Jika kamu tidak bertukar dan menjadi seperti kanak-kanak, kamu tidak akan memasuki kerajaan langit" (Matius 18:3). Sekiranya seseorang menjadi bangga dengan hati, dan dia fikir dirinya sentiasa betul, sentiasa berusaha untuk mempertahankan harga dirinya dan melibatkan pemikirannya sendiri, maka dia tidak dapat menerima Firman Tuhan dengan tepat dan tidak dapat bertindak dengan sewajarnya, oleh itu dia tidak boleh menerima keselamatan.

Sifat bangga nabi palsu

Sekiranya anda melihat dalam Perjanjian Lama, anda dapat melihat ketika para raja bertanya kepada nabi mengenai peristiwa masa depan dan bertindak mengikut nasihat mereka. Raja Ahab adalah raja ketujuh kerajaan utara Israel, dan pada masa kematiannya, penyembahan Baal adalah berleluasa di dalam negerinya, dan di tempat asing, perang pencerobohan dengan Aram telah dipercepatkan. Ini menyebabkan Ahab enggan memberi perhatian kepada peringatan Nabi Micaiah dan percaya kepada kata-kata nabi palsu.

Dalam 1 Raja-raja 22, Raja Ahab meminta Raja Yosafat dari Yehuda untuk bergabung mengambil kembali Ramot-gilead dari tangan raja Aram. Pada masa itu, Raja Yosafat yang mengasihi Tuhan mencadangkan mereka supaya berunding dengan seorang nabi terlebih dahulu untuk mencari kehendak Tuhan sebelum membuat sebarang keputusan. Kemudian, Raja Ahab menyerukan kira-kira empat ratus nabi palsu yang sentiasa memujinya, dan meminta nasihat mereka. Mereka sebulat suara bernubuat kemenangan Israel.

Bagaimanapun, Micaiah yang merupakan seorang nabi sebenar, bernubuat bahawa akan terjadi kekalahan. Akhirnya, nubuat Micaiah diabaikan dan dua raja itu bergabung dan berperang dengan Aram. Apakah yang berlaku? Perang berakhir tanpa kemenangan di kedua-dua belah pihak. Raja Ahab, yang terdesak, menyamar sebagai seorang askar untuk menyelinap dari medan perang tetapi ditembak oleh anak panah rawak dan mati akibat kehilangan darah. Inilah akibat Ahab yang mendengarkan nubuatan nabi-nabi palsu dan tidak mendengar nubuat Micaiah, nabi yang betul. Nabi dan guru palsu akan menerima penghakiman Tuhan. Mereka akan dilemparkan ke dalam Neraka—ke dalam lautan sulfur yang tujuh kali lebih panas daripada lautan api (Wahyu 21:8).

Seorang nabi yang benar bersama Tuhan mempunyai hati yang benar di hadapan Tuhan, oleh itu dia mampu bernubuat dengan betul. Nabi palsu yang hanya memegang gelaran atau kedudukan dengan berlagak akan berkata-kata dari minda mereka seolah-olah ia merupakan nubuatan dan memimpin bangsa mereka ke dalam kemusnahan, atau menyesatkan orang. Sama ada dalam institusi keluarga, negara, atau gereja, jika kita mendengar kata-kata orang yang baik dan benar, kita akan merasa damai apabila kita mengikuti kebaikan. Jika kita mengikuti jalan orang jahat, kita akan mengalami penderitaan dan kemusnahan.

Penghakiman bagi orang yang bertindak dengan perasaan bangga dan kejahatan

1 Timotius 6:3-5 mengatakan, "Barang siapa menganjurkan satu doktrin yang berbeza dan tidak setuju dengan kata-kata yang baik, mereka dari Tuhan kita Yesus Kristus, dan dengan doktrin yang sesuai dengan keagamaan, dia dianggap lemah dan tidak mengerti apa-apa; tetapi dia mempunyai kepentingan yang mengerikan dalam persoalan kontroversi dan perselisihan tentang kata-kata, yang menimbulkan kecemburuan, perselisihan, bahasa kasar, kecurigaan yang jahat, dan pergaduhan yang berterusan antara orang berfikiran yang jahat dan kehilangan kebenaran, yang menganggap bahawa keagamaan adalah cara keuntungan."

Firman Tuhan mengandungi semua kebaikan; oleh itu tiada doktrin lain yang diperlukan. Tuhan sempurna dan baik, oleh itu hanya ajaran-Nya yang benar. Walau bagaimanapun, orang yang sombong tidak mengetahui kebenaran, bercakap mengenai doktrin yang berbeza dan membuat hujah serta membanggakan diri mereka sendiri. Sekiranya kita meningkatkan "soalan-soalan kontroversi", kita berhujah hanya kita yang betul. Jika kita "bertengkar dengan kata-kata" ia bermakna kita menaikkan suara kita dan berdebat dengan kata-kata. Jika kita merasa "iri hati", itu bermakna kita mahu mendatangkan mudarat kepada seseorang jika mereka menerima lebih banyak kasih sayang. Kita menyebabkan "perselisihan" jika kita terlibat dalam hujah-hujah yang membawa perpecahan di kalangan orang ramai. Sekiranya kita menjadi sombong seperti ini, hati kita akan rosak, dan kita melakukan kerja daging—yang dibenci Tuhan.

Jadi, jika orang yang bangga tidak bertaubat dan berpaling dari jalannya, Tuhan akan memalingkan wajah-Nya, dan dia akan menerima penghakiman. Tidak kira berapa kali dia berteriak, "Tuhan, Tuhan," dan mengaku beriman kepada Tuhan, jika dia tidak bertaubat dan terus melakukan kejahatan, Pada Hari Penghakiman, dia akan dilemparkan ke neraka neraka bersama-sama dengan semua sekam yang lain.

Rahmat bagi orang benar yang takut dengan Tuhan

Seseorang yang benar-benar beriman kepada Tuhan akan menghancurkan kebanggaan dan perbuatan jahat mereka untuk menjadi seorang manusia beriman yang takut kepada Tuhan. Apakah maksud mentakuti TUHAN? Amsal 8:13 berkata, ""Ketakutan akan TUHAN ialah untuk membenci kejahatan; kebanggaan, keangkuhan. Dan mulut yang memfitnah, Aku benci." Jika kita membenci kejahatan dan melenyapkan segala bentuk kejahatan, kita menjadi orang yang bertindak dengan kebenaran di mata Tuhan.

Tuhan menumpahkan kasih-Nya yang berlimpah-limpah dan memberikan keselamatan, jawapan kepada doa, dan berkat kepada orang seperti ini. Tuhan berkata "Tetapi bagi kamu yang takut akan nama-Ku, matahari kebenaran akan bangkit dengan penyembuhan di sayapnya; dan kamu akan pergi dan melompat seperti anak lembu dari gerai. Kamu akan menjatuhkan orang jahat, kerana mereka akan menjadi abu di bawah tapak kaki kamu pada hari yang Aku persiapkan" (Maleakhi 4:2-3).

Bagi mereka yang takut kepada Tuhan dan mematuhi perintah-Nya, sebagaimana berlaku bagi setiap orang (Pengkhotbah 12:13), Tuhan memberkati mereka dengan kekayaan, penghormatan, dan kehidupan (Amsal 22:4). Oleh itu, mereka menerima jawapan kepada doa, penyembuhan, dan berkat supaya mereka dapat melompat seperti anak lembu dari gerai dan menikmati kegembiraan sejati.

Dalam Keluaran 15:26, Tuhan berfirman, "Jika kamu

bersungguh-sungguh mendengarkan suara TUHAN, dan melakukan apa yang benar di mata-Nya, dan memasang telingamu kepada perintah-perintah-Nya dan tetap mengikuti segala ketetapan-Nya, maka Aku tidak akan menimpakan kepadamu segala penyakit, yang telah Aku timpakan kepada orang Mesir; sebab Aku TUHAN yang menyembuhkan engkau." Jadi tidak kira apa jenis penyakit yang akan datang, seseorang yang takut kepada Tuhan akan mendapat penyembuhan dan menjalani hidup yang sihat, akhirnya, dia akan masuk ke Syurga dan menikmati kehormatan dan kemuliaan yang kekal.

Oleh itu, kita mesti memeriksa diri dengan teliti. Sekiranya kita mendapati apa-apa bentuk kebanggaan dan kejahatan dalam diri kita, kita harus bertaubat dan menjauhi kejahatan itu. Akhir sekali, marilah kita menjadi orang beriman yang takut kepada Tuhan dengan kerendahan hati dan pelayanan.

Bab 15

Berkenaan Dosa, Kebenaran dan Penghakiman

"Aku mengatakan kepadamu yang sebenarnya, lebih baik bagimu, jika Aku pergi. Jika Aku pergi, Aku akan mengirim Penghibur bagimu. Jika Aku tidak pergi, Penolong itu tidak akan datang kepadamu. Dan saat Penolong itu datang, Ia akan menunjukkan kepada dunia ini mengenai dosa, kebenaran, dan penghakiman. Penolong akan menunjukkan dosa kerana mereka tidak percaya kepada-Ku. Penolong akan menunjukkan kebenaran kerana Aku pergi kepada Bapa. Kamu tidak akan melihat Aku lagi. Dan Penolong akan menunjukkan kepada dunia ini penghakiman kerana penguasa dunia ini telah dihukum."
(Yohanes 16:7-11)

Jika kita beriman dengan Yesus Kristus dan membuka hati kita untuk menerima-Nya sebagai Penyelamat kita, Tuhan mengurniakan kita Roh Kudus sebagai hadiah. Roh Kudus membimbing kita untuk dilahirkan semula dan membantu kita memahami Firman Tuhan. Dia bekerja dalam banyak cara, seperti membimbing kita untuk hidup dalam kebenaran dan membimbing kita untuk melengkapkan penyelamatan. Oleh itu, melalui Roh Kudus, kita perlu belajar makna dosa dan tahu cara untuk membezakan antara perkara yang benar dan salah. Kita juga perlu tahu cara untuk beramal salih agar kita boleh memasuki Syurga dan mengelakkan penghakiman Neraka.

Berkenaan dosa

Yesus memberitahu para pengikut-Nya tentang bagaimana Dia perlu mati dengan dipaku di salib dan tentang balasan yang para pengikut-Nya perlu hadapi. Dia juga menggalakkan mereka dengan memberitahu mereka bagaimana kebangkitan dan kenaikan-Nya dalam Syurga akan diikuti dengan kedatangan Roh Kudus dan tentang segala perkara indah yang mereka peroleh sebagai hasil. Kenaikan Yesus merupakan langkah yang penting untuk menghantar Roh Kudus, Pembantu.

Yesus bersabda bahawa apabila Roh Kudus datang, Dia akan menyabitkan dunia berkenaan dosa, kesalihan dan penghakiman. Maka apa yang dimaksudkan dengan Roh Kudus "akan menunjukkan kepada dunia ini mengenai dosa"? Seperti yang tertulis dalam Yohanes 16:9, "akan menunjukkan dosa kerana mereka tidak percaya kepada-Ku," tidak beriman pada Yesus Kristus itu suatu dosa dan hal ini bermakna manusia yang tidak beriman dengan-Nya akhirnya akan menghadapi penghakiman. Maka mengapa tidak beriman dengan Yesus Kristus adalah dosa?

Tuhan kasih sayang menghantar satu-satunya Anak-Nya iaitu Yesus Kristus ke dalam dunia ini untuk membuka jalan penyelamatan untuk manusia yang menjadi hamba dosa disebabkan keingkaran Adam. Dengan mati di salib, Yesus menyelamatkan manusia daripada segala dosa, membuka pintu penyelamatan dan menjadi satu-satunya Penyelamat. Oleh itu, tidak beriman dan mengetahui hakikat ini adalah berdosa. Orang yang tidak menerima Yesus Kristus sebagai Penyelamatnya tidak boleh menerima pengampunan dosa, maka dia akan kekal menjadi pendosa.

Mengapa Dia menghakimi berkenaan dosa

Kita boleh lihat bahawa terdapat Tuhan Pencipta hanya dengan melihat segala ciptaan. Roma 1:20 menyatakan, "Semenjak Tuhan menciptakan dunia, sifat-sifat Tuhan yang tidak kelihatan, iaitu keadaan-Nya sebagai Tuhan dan kuasa-Nya yang abadi, sudah dapat difahami oleh manusia melalui semua yang telah diciptakan. Jadi manusia sama sekali tidak punya alasan untuk membenarkan diri." Hal ini bermakna tiada sesiapa yang boleh membuat alasan bahawa mereka tidak beriman kerana tidak mengenali Tuhan.

Seutas jam tangan yang kecil sekalipun tidak tercipta begitu sahaja tanpa pereka bentuk dan pembuatnya. Maka, bagaimana alam semesta yang paling kompleks dan rumit boleh terbentuk secara kebetulan dengan sendiri? Hanya dengan memerhatikan alam semesta, manusia boleh menemui kuasa ketuhanan dan keabadian Tuhan.

Pada zaman sekarang, Tuhan menunjukkan diri-Nya dengan memperlihatkan tanda dan mukjizat melalui orang yang dikasihi-Nya. Kini, ramai orang berkemungkinan mengalami peristiwa penginjilan sekurang-kurangnya sekali oleh orang yang beriman dengan Tuhan kerana Dia wujud. Sesetengah orang mungkin sudah pun menyaksikan mukjizat secara peribadi atau terdengar tentangnya daripada saksi utama. Walaupun, jika setelah melihat dan mendengar tentang tanda dan keajaiban ini, seseorang masih tidak beriman, hal ini kerana hatinya kasar dan akhirnya dia akan pergi ke jalan kematian. Inilah yang dimaksudkan apabila Kitab Suci menyatakan bahawa Roh Kudus "akan menunjukkan kepada dunia ini mengenai dosa."

Sebab manusia tidak menerima perkhabaran Injil lazimnya adalah kerana mereka menjalani kehidupan dosa sambil mengejar manfaat mereka sendiri. Dengan memikirkan bahawa dunia ini adalah segala-galanya, mereka tidak boleh beriman dengan Syurga dan kehidupan abadi. Dalam Matius bab 3, Yohanes sang Pembaptis berteriak kepada kaumnya untuk bertaubat kerana kerajaan syurga kian hampir. Dia juga mengatakan, "Kapak sudah ada pada akar pohon. Setiap pohon yang tidak menghasilkan buah yang baik akan ditebang dan dibuang ke dalam api.," (a. 10) dan "Alat penampi sudah di tangan-Nya. Ia akan membersihkan dan mengayak butir gandum sehingga hanya yang baik saja tinggal, lalu Ia akan menyimpan gandum yang baik di gudang. Bahagian yang tidak baik akan dibakar-Nya dengan api yang tidak akan padam" (a. 12).

Petani menanam, menyemai dan menuai hasilnya. Kemudian, dia akan mengambil gandum ke ladang dan membuang sekam. Tuhan juga sama. Tuhan memupuk manusia dan Dia membimbing anak-Nya yang sejati kepada kehidupan abadi yang hidup dalam kebenaran. Jika mereka mengejar dunia dan kekal menjadi pendosa, Dia perlu meninggalkan mereka melalui jalan kemusnahan. Maka untuk menjadi gandum dan menerima penyelamatan, kita perlu menjadi salih dan mengikuti Yesus Kristus dengan iman.

Berkenaan kebenaran

Di bawah rezeki Tuhan, Yesus datang ke dunia ini dan mati di atas salib untuk menyelesaikan masalah dosa manusia. Walau bagaimanapun, Dia dapat mengatasi kematian dan bangkit semula serta naik ke Syurga kerana Dia tiada dosa asli, tidak melakukan dosa dan Dia hidup dalam kesalihan. Dalam Yohanes 16:10 Yesus bersabda, "...akan menunjukkan kebenaran kerana Aku pergi kepada Bapa. Kamu tidak akan melihat Aku lagi..." Terdapat makna tersirat terkandung dalam ayat ini.

Disebabkan Yesus tiada dosa langsung, Dia dapat memenuhi misi-Nya datang ke dunia ini. Dia tidak boleh diikat dengan kematian dan Dia bangkit semula. Dia juga bertemu dengan Tuhan Bapa untuk memperoleh Syurga sebagai buah pertama kebangkitan semula. Inilah yang Dia panggil "kesalihan". Maka, apabila kita menerima Yesus Kristus, kita menerima hadiah Roh Kudus dan kita memperoleh hak untuk menjadi anak Tuhan. Melalui penerimaan Yesus Kristus, kita yang asalnya anak syaitan akan dilahirkan semua sebagai anak suci kepada Tuhan.

Inilah yang dimaksudkan untuk menerima penyelamatan dengan digelar "salih" melalui iman. Hal ini kerana kita melakukan sesuatu yang melayakkan kita penyelamatan. Kita menerima penyelamatan hanya melalui iman dan kita tidak perlu membayar apa-apa. Disebabkan inilah kita perlu sentiasa bersyukur kepada Tuhan dan hidup dalam kesalihan. Kita boleh memulihkan imej Tuhan apabila kita bergelut menentang dosa sehingga menumpahkan darah dan membuangnya untuk meniru hati Tuhan kita.

Mengapa Dia menghakimi berkenaan kebenaran

Jika kita tidak hidup dalam kesalihan, orang tidak beriman pun akan mengeji kita. Iman lengkap apabila dituruti dengan amalan, dan iman tanpa amalan adalah iman yang mati (Yakobus 2:17). Hal ini kerana orang tidak beriman melihat dan mencela daripada perspektif mereka dengan berkata, "Kamu kata kamu pergi gereja, tetapi kamu minum alkohol dan merokok? Bagaimana kamu boleh berdosa dan menggelar diri sendiri sebagai pengikut Kristus?!" Maka, jika sebagai seorang beriman, anda menerima Roh Kudus tetapi tidak menjalani kehidupan yang salih, dan dengan itu menerima penghakiman, inilah yang dikatakan Kitab Suci sebagai "penghakiman berkenaan kesalihan".

Dalam kes ini, Tuhan akan menegur dan mendisiplinkan anak-Nya melalui Roh Kudus, maka dia tidak akan terus menjalani kehidupan berdosa. Oleh itu, sebab Tuhan membenarkan beberapa jenis ujian dan kesukaran tertentu untuk menimpa sesetengah keluarga manusia, tempat kerja, perniagaan atau diri mereka adalah untuk menolak mereka hidup sebagai lelaki dan wanita yang salih. Tambahan lagi, kerana syaitan dan Iblis membawa tuduhan menentang mereka, Tuhan terpaksa membenarkan ujian menurut hukum rohani.

Katib dan orang Farisi yakin bahawa mereka hidup dalam kesalihan kerana mereka berfikir mereka tahu Hukum dengan baik dan menurutinya dengan ketat. Namun, Yesus memberitahu kita bahawa melainkan kesalihan kita melampaui kesalihan katib dan orang Farisi, kita tidak akan masuk dalam kerajaan syurga (Matius 5:20). Hanya dengan melaungkan "Tuhan, Tuhan" tidak semestinya bermakna kita akan diselamatkan. Untuk memiliki Syurga, kita perlu beriman dengan Tuhan daripada lubuk hati kita, membuang dosa dan menjadi salih.

"Hidup dalam kesalihan" bukan setakat bermakna menuruti Firman Tuhan dan menyimpannya dalam kepala sebagai pengetahuan sahaja. Ia bermakna menjadi orang yang salih dengan beriman dalam hati kita dan beramal menurut Firman-Nya. Bayangkan bagaimana keadaannya jika Syurga dipenuhi dengan penipu, pencuri, penzina, orang iri hati, dll. Tuhan tidak memupuk manusia untuk membawa kacau-bilau dalam Syurga! Tujuan Tuhan adalah membawa masuk gandum iaitu orang salih ke dalam Syurga.

Berkenaan penghakiman

Yohanes 16:11 menyatakan, "...akan penghakiman, kerana penguasa dunia ini telah dihukum." Di sini, "penguasa dunia" merujuk kepada syaitan dan Iblis. Yesus datang ke dunia ini kerana dosa manusia. Dia melengkapkan amal salih dan meninggalkan penghakiman terakhir. Namun, kita juga boleh berkata bahawa penghakiman akhir sudah dibuat kerana hanya melalui iman pada Yesus Kristus, barulah manusia boleh menerima pengampunan dosa dan penyelamatan.

Orang yang tidak beriman akhirnya akan masuk ke Neraka, maka ia bagaikan mereka sudah menerima penghakiman mereka.

Disebabkan itulah Yohanes 3:18-19 menyatakan, "Orang yang percaya kepada Anak Tuhan tidak akan dihukum, tetapi orang yang tidak percaya telah dihukum, sebab orang itu tidak percaya kepada nama Anak tunggal Tuhan. Inilah hukuman itu, Terang telah datang ke dunia ini, tetapi manusia lebih menyukai kegelapan daripada Terang, sebab manusia melakukan perbuatan-perbuatan jahat."

Maka, apa yang boleh kita lakukan untuk mengelakkan daripada menerima penghakiman? Tuhan memerintahkan kita untuk berfikir dengan waras, beramal salih dan berhenti berdosa (1 Korintus 15:34). Dia juga memerintahkan kita untuk menjauhkan diri daripada segala bentuk kejahatan (1 Tesalonika 5:22). Untuk beramal salih dalam mata Tuhan, kita sudah pasti perlu membuang dosa kita, tetapi kita perlu membuang walaupun sedikit kejahatan pun.

Jika kita membenci kejahatan dan membuat komitmen untuk kekal baik, kita boleh membuang dosa. Anda mungkin bertanya, "Sungguh sukar untuk membuang satu dosa sekalipun, bagaimana saya boleh membuang semua dosa saya?" Fikirkan begini. Jika anda cuba menarik akar pokok satu demi satu, ia sangat sukar. Tetapi, jika anda menarik akar utama, akar kecil lain juga secara automatik akan ditarik juga. Sama juga, jika anda menumpukan untuk membuang yang paling sukar terlebih dahulu, melalui puasa dan doa yang khusyuk bila-bila masa anda boleh berbuat demikian, anda boleh membuang sifat dosa yang lain juga, sekali dengan satu dosa tersebut.

Dalam hati manusia adalah nafsu daging, nafsu mata dan kebanggaan dunia. Itulah antara bentuk kejahatan yang datang daripada syaitan. Oleh itu, manusia tidak boleh membuang dosa ini begitu sahaja dengan tenaga mereka sendiri. Disebabkan itulah Roh Kudus membantu orang yang berusaha untuk menjadi kudus dan berdoa. Disebabkan Tuhan senang dengan usaha mereka, Dia akan mengurniakan mereka hawa kurnia dan kekuatan. Apabila empat perkara ini, iaitu hawa kurnia dan kekuatan daripada Tuhan di atas, usaha kita dan dengan bantuan Roh Kudus bergabung bersama, maka sudah tentu kita boleh membuang dosa kita.

Untuk proses ini berlaku, kita perlu memotong nafsu mata terlebih dahulu. Jika sesuatu tidak benar, maka paling bermanfaat untuk kita untuk tidak melihat, mendengar ataupun berada berdekatan. Katakanlah seorang remaja terlihat sesuatu yang lucah pada video atau di televisyen. Melalui nafsu mata, hati tercetus dan keinginan daging dalam hati dirangsang. Maka hal ini menyebabkan remaja tersebut untuk merancang sesuatu yang jahat apabila rancangan ini bertukar menjadi amalan, segala jenis masalah boleh berlaku. Maka inilah sebabnya penting untuk kita semua memotong nafsu mata.

Matius 5:48 menyatakan, "Bapamu di syurga mengasihi semua orang dengan sempurna. Kalian harus begitu juga." Dalam 1 Petrus 1:16 Tuhan berfirman, "Jadilah kudus sebab Aku kudus." Sesetengah orang mungkin bertanya, "Bagaimana boleh seseorang menjadi sempurna dan suci seperti Tuhan?" Tuhan ingin anak-Nya menjadi suci dan sempurna. Ya, kita tidak boleh melakukan hal ini dengan kekuatan kita. Namun, inilah sebabnya Yesus mengambil salib dan inilah sebab Roh Kudus, Pembantu membantu kita. Hanya kerana seseorang mengaku menerima Yesus Kristus dan memanggil Dia dengan berkata, "Tuhan, Tuhan", hal ini tidak bermakna dia akan masuk ke Syurga. Dia perlu membuang dosanya dan menjalani kehidupan yang salih untuk mengelakkan penghakiman dan memasuki Syurga.

Roh Kudus menyabitkan seluruh dunia

Maka, mengapa Roh Kudus datang untuk menyabitkan dunia berkenaan dosa, kesalihan dan penghakiman? Hal ini kerana dunia dipenuhi dengan kejahatan. Hanya apabila kita merancang untuk sesuatu, kita tahu bahawa terdapat permulaan dan pengakhiran.

Jika kita melihat kepada beberapa tanda di dunia kini, kita boleh melihat bahawa pengakhiran kian hampir.

Tuhan Pencipta mengawasi sejarah manusia dengan rancangan yang jelas berkaitan permulaan dan pengakhiran. Jika kita melihat pada aliran dalam Injil, terdapat perbezaan yang jelas antara kebaikan dan kejahatan serta terdapat penjelasan yang terang bahawa dosa membawa kepada kematian dan kesalihan membawa kepada kehidupan abadi. Kepada orang yang beriman dengan Tuhan, Tuhan merahmati dan tetap bersama mereka. Namun, orang yang tidak beriman dengan-Nya akhirnya menerima penghakiman dan menuju jalan kematian. Penghakiman Tuhan daripada zaman dahulu tidak dibiarkan (2 Petrus 2:3).

Seeprti Banjir Besar sewaktu zaman Nuh dan kemusnahan Sodom dan Gomora sewaktu zaman Abraham, apabila kefasikan manusia sudah mencapai had, penghakiman Tuhan akan menimpa. Untuk kaum Israel dibebaskan daripada Mesir, Tuhan menghantar sepuluh wabak kepada Mesir. Inilah penghakiman kepada Firaun disebabkan keangkuhannya.

Kira-kira dua ribu tahun yang lalu, apabila Pompeii menjadi terlalu korup dengan penyelewengan dan keruntuhan akhlak, Tuhan memusnahkannya dengan bencana alam peletusan gunung berapi. Jika anda melawat Pompeii kini, bandar yang dilitupi dengan debu gunung berapi dipelihara sama seperti rupanya pada zaman dahulu apabila ia dimusnahkan dan dengan sekali pandang, kita boleh melihat korupsi pada waktu tersebut.

Dalam Perjanjian Baharu juga, Yesus pernah menegur katib dan orang Farisi yang hipokrit dengan mengulang 'Celakalah kamu' sebanyak tujuh kali. Untuk memelihara dunia ini daripada jatuh kepada penghakiman dan Neraka, dunia perlu disabitkan dan ditegur.

Dalam Matius bab 24, para pengikut bertanya kepada Tuhan tentang tanda kedatangan-Nya dan pada akhir zaman. Yesus menerangkan kepada mereka dengan terperinci sambil menyatakan bahawa balasan besar yang tidak dijangka akan menimpa. Tuhan tidak akan membuka pintu syurga dan menuang air atau api seperti yang dilakukan-Nya pada zaman dahulu, tetapi Dia akan membawa penghakiman yang konsisten dengan zaman.

Kitab Wahyu meramalkan bahawa senjata terkini akan muncul dan akan terdapat kemusnahan besar daripada peperangan yang berskala besar. Kini apabila rancangan Tuhan untuk pemupukan manusia akhirnya berakhir, Penghakiman Besar akan menimpa. Apabila hari tersebut tiba, akan terdapat penghakiman sama ada setiap orang akan hidup abadi di Neraka atau secara abadi dalam Syurga. Maka, bagaimana kita perlu hidup sekarang?

Singkirkan dosa dan jalani hidup dalam kebenaran

Untuk mengelakkan penghakiman, kita perlu membuang dosa kita dan hidup dalam kesalihan. Apa yang lebih penting lagi, setiap orang perlu menanam hati mereka dengan Firman Tuhan sama seperti petani menanam di ladang mereka. Kita perlu menanam di tepi jalan, tanah yang berbukit dan tanah berduri dan menukar kesemuanya menjadi tanah yang bagus dan subur.

Namun kadangkala kita berfikir, "Mengapa Tuhan membiarkan sahaja orang tidak beriman tetapi Dia membenarkan kesukaran menimpa saya, orang yang beriman?" Hal ini kerana sama seperti sejambak bunga tanpa akar tampak cantik, tapi pada luaran ia tidak bernyawa sebenarnya, orang tidak beriman sudah pun dihakimi dan akan masuk ke Neraka, maka mereka tidak perlu didisiplinkan.

Sebab Tuhan mendisiplinkan mereka adalah kerana kita anak-Nya yang sejati, bukan anak haram. Oleh itu, kita lebih mahu bersyukur kerana didisiplinkan oleh-Nya (Ibrani 12:7-13). Seperti ibu bapa yang medisiplinkan anak mereka kerana mereka mengasihi anak dan mahu anak mereka melalui jalan yang betul, walaupun hal ini bermakna mengajar dengan rotan kerana kita anak Tuhan, jika perlu, Tuhan akan membenarkan kesukaran tertentu untuk menimpa kita yang membawa kita menuju penyelamatan.

Pengkhutbah 12:13-14 menyatakan, "Akhir kata dari segala yang didengar ialah: Takutlah akan Tuhan dan berpeganglah pada perintah-perintah-Nya, kerana ini adalah kewajipan setiap orang. Kerana Tuhan akan membawa setiap perbuatan ke pengadilan yang berlaku atas segala sesuatu yang tersembunyi, entah itu baik, entah itu jahat" (KJV). Hidup dengan salih bermakna menjalankan tugas sebagai manusia sepenuhnya dalam hayat kita. Disebabkan Firman Tuhan memerintahkan kita untuk berdoa, maka kita perlu berdoa. Kerana Dia memerintahkan kita untuk memelihara kesucian Hari Tuhan, kita perlu memelihara kesuciannya. Apabila Dia memerintahkan kita untuk tidak menghukum, kita tidak sepatutnya menghukum. Dengan berbuat demikian, apabila kita memelihara Firman-Nya dan beramal sewajarnya, kita menerima kehidupan dan kita menuju jalan kehidupan abadi.

Oleh itu, saya berharap anda akan semat semua mesej ini dalam hati anda dan menjadi gandum yang mengandungi kasih rohani seperti yang diterangkan dalam 1 Korintus bab 13, sembilan buah Roh Kudus (Galatia 5:22-23) dan rahmat Ketenangan (Matius 5:3-12). Saya berdoa dengan nama Tuhan agar dengan berbuat demikian, anda bukan sahaja menerima penyelamatan tetapi juga menjadi anak Tuhan yang bersinar bagaikan matahari dalam kerajaan syurga.

Penulis
Dr. Jaerock Lee

Dr. Jaerock Lee dilahirkan di Muan, Wilayah Jeonnam, Republik Korea, pada tahun 1943. Dalam usia dua puluhan, Dr. Lee menderitai pelbagai penyakit yang tidak dapat disembuhkan selama tujuh tahun dan menunggu kematian tanpa harapan untuk sembuh. Walau bagaimanapun, pada satu hari di musim bunga tahun 1974, dia dibawa ke gereja oleh kakaknya dan apabila dia melutut untuk berdoa, Tuhan hidup menyembuhkan segala penyakitnya dengan tiba-tiba.

Sejak Dr. Lee bertemu Tuhan yang Maha Hidup melalui pengalaman menakjubkan ini, beliau mencintai Tuhan dengan sepenuh hati dan keikhlasan, dan pada tahun 1978, beliau telah terpanggil untuk menjadi hamba Tuhan. Dia berdoa bersungguh-sungguh dengan ibadat puasa yang tidak terhingga agar dia boleh memahami ketentuan Tuhan dengan jelas dan melengkapkannya dan mematuhi Firman Tuhan. Pada tahun 1982, dia mengasaskan Gereja Pusat Manmin di Seoul, Korea dan pelbagai tugas Tuhan termasuklah penyembuhan ajaib, petanda dan keajaiban yang berlaku di gerejanya.

Pada tahun 1986, Dr Lee ditahbiskan sebagai seorang pastor di Perhimpunan Tahunan Yesus Gereja Sungkyul Korea dan empat tahun kemudian pada tahun 1990, ceramahnya mula disiarkan di Australia, Rusia dan Filipina. Dalam tempoh masa yang pendek, lebih banyak negara yang dapat ditembusi melalui Syarikat Penyiara Far East, Stesen Asia Broadcast dan Sistem Radio Kristian Washington.

Tiga tahun kemudian pada tahun 1993, Gereja Pusat Manmin dipilih sebagai salah satu "50 Gereja Teratas Dunia" oleh majalah Christian World (AS) dan dia menerima Doktor Kehormat Teologi daripada Christian Faith College, Florida, AS dan pada tahun 1996, dia menerima Ph. D. dalam bidang Penyebaran Agama, oleh Seminari Teologi Kingsway, Iowa, A.S.

Sejak tahun 1993, Dr Lee memacu penginjilan dunia melalui pelbagai perang salib luar negara di Tanzania, Argentina, L.A., Bandar Baltimore, Hawaii dan Bandar New York di AS, Uganda, Jepun, Pakistan, Kenya, Filipina, Honduras, India, Rusia, Jerman, Peru, Republik Demokratik Congo, Israel dan Estonia.

Pada tahun 2002 dia diiktiraf sebagai "penggerak kebangkitan seluruh dunia" disebabkan kepaderiannya yang hebat dalam pelbagai perang salib di luar negara oleh akhbar Kristian utama di Korea. Terutamanya 'Perang Salib New York 2006' miliknya yang diadakan di Madison Square Garden, arena paling masyhur di dunia. Acara itu disiarkan ke 220 negara dan dalam rancangannya 'Perang Salib Kesatuan Israel 2009' yang diadakan di Pusat Konvensyen Antarabangsa (ICC) di Yerusalem, dia dengan beraninya menyatakan Yesus Kristus adalah Al Masih dan Penyelamat.

Khutbahnya disiarkan ke 176 negara melalui satelit termasuklah GCN TV dan beliau disenaraikan sebagai '10 Pemimpin Kristian Paling Berpengaruh Dunia' 2009 dan 2010 oleh majalah Kristian popular Rusia In Victory dan agensi berita Christian Telegraph, atas dakwah siaran TV beliau yang berkuasa dan dakwah paderi gereja luar negara yang berkesan.

Setakat bulan Disember 2016, Gereja Besar Manmin mempunyai jemaah lebih daripada 120,000 ahli. Terdapat 11,000 cawangan gereja di dalam dan luar negara di seluruh dunia termasuk 56 cawangan gereja tempatan, dan setakat ini lebih 102 misi mubaligh telah dihantar ke 23 negara, termasuklah Amerika Syarikat, Rusia, Jerman, Kanada, Jepun, China, Perancis, India, Kenya dan banyak lagi.

Sehingga tarikh penerbitan ini, Dr. Lee telah menulis 105 buah buku, termasuklah jualan terlaris seperti Tasting Eternal Life before Death, My Life My Faith I & II, The Message of the Cross, The Measure of Faith, Heaven I & II, Hell, Awaken, Israel!, dan The Power of God. Hasil karyanya telah diterjemahkan lebih daripada 76 bahasa.

Kolum Kristiannya muncul di The Hankook Ilbo, The JoongAng Daily, The Chosun Ilbo, The Dong-A Ilbo, The Hankyoreh Shinmun, The Seoul Shinmun, The Kyunghyang Shinmun, The Korea Economic Daily, The Korea Herald, The Shisa News, dan The Christian Press.

Dr. Lee kini merupakan pemimpin daripada pelbagai organisasi dakwah dan persatuan. Jawatannya termasuklah: Pengerusi, Gereja Penyatuan Suci Yesus Kristus; Presiden Tetap, Persatuan Misi Kebangkitan Kristian Dunia; Pengasas & Pengerusi Lembaga, Global Christian Network (GCN); Pengasas & Pengerusi Lembaga, Jaringan Doktor Kristian Sedunia (WCDN); dan Pengasas & Pengerusi Lembaga, Seminari Antarabangsa Manmin (MIS).

Buku-buku lain yang hebat dari penulis yang sama

Syurga I & II

Jemputan ke Bandar Suci Baitulmuqaddis Baru, yang mana 12 pintu pagarnya diperbuat daripada mutiara yang bergemerlapan, di tengah-tengah Syurga yang luas dan bersinar seperti permata berharga.

Tujuh Gereja

Mesej Tuhan untuk membangkitkan penganut dan gereja daripada tidur rohani, yang dihantar ke tujuh gereja yang dicatatkan dalam Wahyu bab 2 dan 3, yang merujuk kepada semua gereja Tuhan

Neraka

Mesej kepada semua manusia dari Tuhan, yang tidak mahu walau satu jiwa pun masuk ke Neraka! Anda akan mengetahui perkara yang tidak pernah diterangkan di mana-mana sebelum ini tentang penderitaan di Neraka.

Merasai Kehidupan Abadi Sebelum Kematian

Buku ini merupakan memoir testimoni Dr. Jaerock Lee, yang dilahirkan semula dan diselamatkan dari jurang bayang-bayang dan kini hidup dengan cara Kristian yang sempurna.

Ukuran Iman

Apakah tempat tinggal, mahkota dan ganjaran yang disediakan untuk anda di syurga? Buku ini memberikan kebijaksanaan dan bimbingan untuk anda mengukur tahap keimanan dan memupuk keimanan yang terbaik dan matang.

Bangkitlah Israel

Mengapa Tuhan memberikan perhatian kepada Israel sejak permulaan dunia sehingga ke hari ini? Apakah kehendak Tuhan bagi Israel pada akhir zaman, yang menunggu Penyelamat?

Hidup Saya Iman Saya I & II

Aroma kerohanian paling harum yang diambil dari kehidupan yang mencintai Tuhan, di tengah-tengah gelombang gelap, cabaran dan penderitaan hebat

Kuasa Tuhan

Buku yang wajib dibaca, sebagai panduan tentang cara kita boleh mendapatkan keimanan sebenar dan mengalami kuasa Tuhan yang Maha Hebat

www.urimbooks.com

www.ingramcontent.com/pod-product-compliance
Lightning Source LLC
LaVergne TN
LVHW012012060526
838201LV00061B/4278